Pommerns Herzöge
Die Greifen im Porträt

Dirk Schleinert

Pommerns Herzöge
Die Greifen im Porträt

Die Deutsche Bibliothek verzeichnet diese Publikation in der Deutschen Nationalbibliografie; detaillierte bibliografische Daten sind im Internet über http://dnb.ddb.de abrufbar.

© Hinstorff Verlag GmbH, Rostock 2012
Lagerstraße 7, 18055 Rostock
Tel.: 0381/4969-0
www.hinstorff.de

Alle Rechte vorbehalten, Reproduktionen, Speicherungen in Datenverarbeitungsanlagen, Wiedergabe auf fotomechanischen, elektronischen oder ähnlichen Wegen, Vortrag und Funk – auch auszugsweise – nur mit Genehmigung des Verlages.

1. Auflage 2012

Herstellung: Hinstorff Verlag GmbH
Lektor: Dr. Florian Ostrop
Layout: Iris Eschmann
Druck und Bindung: freiburger graphische betriebe GmbH & Co. KG
Printed in Germany
978-3-356-01479-2

INHALT

7   VORWORT

8   EINLEITUNG

8   Zur Intention dieses Buches
12   Pommern unter der Herrschaft der Greifen
12   Formierung des Staatswesens (1120 – 1230)
14   Innerer Ausbau und äußere Verluste (1230 – 1320)
16   Äußere Erfolge und dynastische Zersplitterung (1320 – 1478)
18   Auf dem Weg zum frühmodernen Staatswesen (1478 – 1637)
20   Residenzen und Grablegen der Greifen
27   Titel und Wappen

33   PORTRÄTS

35   Wartislaw I. (um 1100 – um 1148)
37   Bogislaw I. (um 1124 – 1187)
38   Wartislaw III. (um 1210 – 1264)
40   Barnim I. (ca. 1218 / 19 – 1278)
43   Bogislaw IV. (um 1258 – 1309) und Otto I. (1279 – 1344)
45   Wartislaw IV. (1290 – 1326)
46   Barnim III. (vor 1300 – 1368)
49   Bogislaw V. (um 1318 / 19 – Ende 1373 / Anfang 1374)

51	Swantibor I. (1351–1413)
53	Barnim VI. (um 1365–1405)
55	Erich I. (1381/82–1459)
57	Bogislaw IX. (zwischen 1407 und 1410–1446)
59	Wartislaw IX. (1400–1457)
61	Otto III. (1444–1464)
64	Erich II. (um 1425–1474)
66	Bogislaw X. (1454–1523)
69	Georg I. (1493–1531)
72	Barnim IX. (1501–1573)
74	Philipp I. (1515–1560)
77	Johann Friedrich (1542–1600)
80	Bogislaw XIII. (1544–1606)
82	Ernst Ludwig (1545–1592)
84	Barnim X. (1549–1603)
86	Kasimir VI. (1557–1605)
88	Philipp II. (1573–1618)
90	Franz (1577–1620)
92	Philipp Julius (1584–1625)
95	Georg II. (1582–1617) und Ulrich (1589–1622)
97	Bogislaw XIV. (1580–1637)

101	**ANHANG**
101	Literaturverzeichnis
111	Stammtafeln
116	Zeittafel
121	Personenregister
126	Karte
128	Bildnachweis

VORWORT

Dieses Buch hat eine längere Entstehungsgeschichte. Die Idee dazu wurde an einem lauen Sommerabend vor fast zehn Jahren geboren, ausgerechnet in der ehemaligen mecklenburgischen Residenzstadt Schwerin. Es vergingen noch mehrere Jahre, bis ein Text daraus wurde. Die Drucklegung erwies sich anschließend langwieriger als gedacht. Schließlich fand sich mit dem Hinstorff Verlag, mit dem ich bereits mehrfach zusammengearbeitet hatte, ein Partner, der an das Buch glaubte und das verlegerische Risiko übernahm. Dafür sei dem Haus und insbesondere seinem Lektor Dr. Florian Ostrop herzlich gedankt.

Weitere Personen halfen bei diesem Projekt. Ohne lange Zeit wirklich zu wissen wofür, unterstützten mich Dr. Ralf-Gunnar Werlich und Dr. Dirk Alvermann bei der Beschaffung von teils entlegener Literatur. Michael Hammermeister war eine nicht zu überschätzende Hilfe bei der Bildbeschaffung und -bearbeitung, an der sich schließlich auch unser ältester Sohn Kevin beteiligte. Aber vor allem habe ich meiner Frau zu danken, dass sie mit ihrer Geduld und ihrem Verständnis überhaupt erst den Freiraum zur Bearbeitung und Fertigstellung dieses Buches geschaffen hat.

Magdeburg im Frühjahr 2012

EINLEITUNG

Zur Intention dieses Buches

Rund fünfhundert Jahre, vom dritten Jahrzehnt des 12. bis zum vierten Jahrzehnt des 17. Jahrhunderts, herrschten Vertreter des aus slawischer Wurzel stammenden Greifengeschlechts nachweislich über ein beachtliches Gebiet an der südlichen Ostseeküste. Dieses war in den ersten Jahrhunderten erheblichen Veränderungen unterworfen. Als Kernzone hatte sich zwar bald das Odermündungsgebiet herauskristallisiert, doch erst im 15. Jahrhundert gewann der Herrschaftsbereich der Greifen seine abschließende Gestalt. Wahrscheinlich von ihren südöstlichen Nachbarn, den Polen, erhielten das Land und seine Bewohner schon früh ihren Namen: Pommern, slawisch po morje = am Meer.

In den dynastisch verfassten Staatsgebilden Europas im Mittelalter und der frühen Neuzeit kommt ihren Herrschern eine besondere Bedeutung für den Verlauf der politischen Geschichte zu. So verwundert es nicht, dass auch heute noch ein großes Interesse an den Vertretern jener Herrschaftsträger besteht. Zudem sind sie auch wichtige Identifikationsfiguren für das regionale Bewusstsein einer Bevölkerung. Dass sich gerade in Pommern im 19. und 20. Jahrhundert eine so intensive Identifikation der hier lebenden Menschen mit der gleichnamigen preußischen Provinz herausbildete, hatte nicht zuletzt damit zu tun, dass diese in politisch-geografischer Kontinuität zum Herzogtum der Greifendynastie stand und das damit verbundene historische Erbe bewusst annahm.

In eigenartigem Kontrast hierzu stehen Forschung und vorhandene Literatur zu den Greifenherzögen. Vielfach sind es noch die am Ende des 19. Jahrhunderts verfassten Artikel der Allgemeinen Deutschen Biographie (ADB), die die umfangreichsten, nicht selten sogar einzigen biografischen Texte zu einzelnen Herzögen bieten. Neuere Nachschlagewerke wie die Neue Deutsche Biographie (NDB) oder das Lexikon des Mittelalters enthalten zwar ebenfalls Informationen zu Vertretern der Greifendynastie, allerdings in noch spärlicherer Auswahl und mit noch kürzeren Texten versehen. Mit diesem Befund korrespondiert auch die Forschungslage. Echte biografisch ausgerichtete Arbeiten fehlen fast gänzlich. Selbst die wenigen verstreuten Beiträge in verschiedenen Sammelbänden etc. sind entweder nur Kompilationen aus der älteren Literatur oder sie widmen sich speziellen Aspekten aus dem Leben einzelner Herzöge. Zu einzelnen bedeutenderen Herrschern wie Barnim I., Erich von Pommern oder Bogislaw X. ist in dieser Hinsicht inzwischen sogar schon eine ganze Reihe von beachtenswerten neuen Ergebnissen erbracht worden. Eine modernen Ansprüchen genügende Gesamtbiografie liegt dagegen noch für keinen der Greifen vor.

Wer also etwas in dieser Art von dem vorliegenden Buch erwartet, wird es rasch wieder aus der Hand legen. Dies wollte und konnte es nicht. Vielmehr soll es dem Leser, vor allem dem interessierten Laien, einen Überblick über die wichtigsten Vertreter der Greifendynastie geben und diese in Kurzporträts vorstellen. Bei den Texten wurde vor allem Wert darauf gelegt, die Porträtierten einmal im Kontext ihrer Zeit darzustellen und darüber hinaus ihre besondere Bedeutung für die pommersche Geschichte herauszustreichen. Da eine ansprechende Darstellung erreicht werden sollte, war es wichtig, den Menschen ein Gesicht zu geben. Nur für die Vertreter der letzten Generationen besitzen wir allerdings authentische Porträts. Das Mittelalter kannte diese Kunst noch nicht, zumindest nicht in den mittel- und nordeuropäischen Gebieten. Für die frühen Generationen wurde deshalb entweder auf später entstandene Abbildungen zurückgegriffen, die insofern interessant sind, weil sie uns zeigen, wie man sich posthum ein Bild zu machen versuchte, oder aber es wurden zeitgenössische Mittel der Selbstdarstellung verwendet. Zu diesen zählen insbesondere die Siegel. Sie sind kein Porträt im eigentlichen Sinne,

Großes Reitersiegel Herzog Bogislaw X. von 1479 in einer Umzeichnung des 19. Jahrhunderts

stellen jedoch mit ihrem aus den verschiedenen Siegelelementen zusammengesetzten Bildprogramm ein ganz individuell gestaltetes Repräsentationsmittel des jeweiligen Herrschers dar. Und gerade die großen Reitersiegel sind zweifelsohne sehr anschauliche Symbole, die unserem Bild vom Mittelalter so idealtypisch zu entsprechen scheinen. Man glaubt beim Anblick des Reiters geradezu den Herzog in voller Rüstung auf dem gedeckten Hengst ansprengen zu sehen.

Wie bereits angedeutet, wurde bei den Kurzporträts auf die besonderen Leistungen und die daraus resultierende Bedeutung des Herzogs für die pommersche Geschichte Wert gelegt. Damit einher ging auch die Überlegung, lediglich eine Auswahl der über 70 männlichen Vertreter des Greifenhauses vorzustellen. Dies hatte konzeptionelle, aber auch rein pragmatische Gründe. Einerseits liegen zu vielen Herzögen allenfalls spärliche Informationen vor, die kaum das Abfassen einer Kurzbiografie ermöglichen, andererseits lebten aber auch viele, gerade weniger bedeutsame Herzöge zur selben Zeit und waren an denselben Ereignissen beteiligt, so dass sich deren Biografien inhaltlich weitgehend geähnelt hätten. So orientierte sich die Auswahl sowohl an den zu einer Person vorliegenden Informationen als auch an ihrer historischen Bedeutung. Der erste Aspekt spielte vor allem bei den Vertretern der späten Generationen eine Rolle, die vollständig aufgenommen wurden, der zweite dagegen mehr für die Auswahl der Herzöge des 12. bis 15. Jahrhunderts.

Gegenstand dieses Buches sind in dynastischer Hinsicht die Herzöge von Pommern im engeren Sinne, d. h. die Nachkommen Wartislaw I. in direkter Linie, für die sich allgemein die Bezeichnung Greifen eingebürgert hat. Nicht berücksichtigt werden die wahrscheinlich auf den Bruder von Wartislaw I., Ratibor I., zurückgehenden Herrscher der Länder Schlawe und Stolp, die 1227 ausstarben und deren Erbe die Greifen zum größten Teil im 14. Jahrhundert antraten. Ebenfalls unbehandelt bleiben die mit den Greifen verwandten Fürsten von Ostpommern bzw. Danzig, die Swantiboriden. Und nicht zuletzt werden auch die von 1168 bis 1325 auf der Insel Rügen und dem vorgelagerten Festland herrschenden Fürsten von Rügen ausgeschlossen, die ebenfalls von den Greifen beerbt wurden.

Die Zählung der Herzöge, die in der Literatur bei einigen Vertretern unterschiedlich angegeben wird, folgt der heute allgemein als Nachschlagewerk anerkannten »Genealogie des pommerschen Herzogshauses« von Martin Wehrmann.

Die Auswahl war innerhalb der Dynastie von vornherein auf die männlichen Vertreter beschränkt. Dies mag man bedauern oder kritisieren, hat aber auch gute Gründe. Die Fürsten aus dem Greifenhaus entfalteten ihre Wirksamkeit fast ausschließlich als Herrscher in Pommern. Bei der Aufnahme von Frauen hätte man zunächst entscheiden müssen, ob man nur die gebürtigen oder auch die eingeheirateten einzubeziehen hätte. Eine Beschränkung auf die gebürtigen pommerschen Prinzessinnen hätte zwangsläufig zur Folge gehabt, sich auch mit der Geschichte der Dynastien und Länder zu befassen, in die sie einheirateten. Und eine Einbeziehung der eingeheirateten Herrscherinnen hätte zusätzlich das genealogische Prinzip ein Stück weit durchbrochen. Das Buch handelt von den Greifen als Vertretern einer Familie, auch im genealogischen Sinne.

Aber es kam noch ein anderer Grund hinzu, der weitaus gewichtiger erschien und schließlich der ausschlaggebende war. Ist der Forschungsstand zu den Biografien der Herzöge schon als defizitär zu bezeichnen, so ist der zu den Herzoginnen als geradezu nicht existent anzusehen, einige rühmliche Ausnahmen ausgenommen.

So soll und muss es einem weiteren Buch vorbehalten bleiben, auch die Rolle der Frauen in der äußerlich so rein patriarchalisch organisierten Welt des pommerschen Fürstenhauses hinreichend zu beschreiben und zu würdigen. Dass dies ein lohnendes und spannendes Thema ist, sei schon nicht zuletzt aufgrund neuerer Arbeiten zu Fürstinnen anderer Dynastien hier einmal vorausgesetzt.

Pommern unter der Herrschaft der Greifen

Formierung des Staatswesens (1120–1230)

Die Anfänge der pommerschen Geschichte liegen weitestgehend im Dunklen. Erstmals wird 1046 ein Zemusil als Herzog von Pommern erwähnt. Wo er geherrscht hat und wie groß sein Herrschaftsgebiet war, wissen wir nicht. Ebenso wenig wissen wir, ob er in einem genealogischen Zusammenhang mit den späteren Greifen steht. Dasselbe gilt für verschiedene Fürsten, die während der ersten Jahre des 12. Jahrhunderts in den Quellen genannt werden. Wahrscheinlich hat es zu jener Zeit mehrere Herrschaftsgebiete an der Ostseeküste beiderseits der Odermündung gegeben. Eines davon hieß offensichtlich Selencia und umfasste das eigentliche Odermündungsgebiet mit den Inseln Usedom und Wollin. Selencia ist in den Kämpfen mit Kaiser Lothar von Süpplingenburg und dem Polenherzog Boleslaw III. im zweiten Jahrzehnt des 12. Jahrhunderts untergegangen. Nutznießer dieser Entwicklung war Wartislaw I., der erste sicher fassbare Greifenherzog. Er herrschte ursprünglich wohl über ein Gebiet, welches die Ostsee im Norden, die Oder im Westen, Gollenberg im Osten und die Warte-Neetze-Niederung im Süden eingrenzten. Seine Hauptresidenz war wahrscheinlich Cammin. Daneben herrschte er wohl auch schon in Stettin.

1121/22 stieß Boleslaw III. von Polen nach Stettin vor und Wartislaw musste sich unterwerfen. Die Abhängigkeit von Polen dauerte jedoch nur bis zum Tod Boleslaws 1136 und war wohl eher lockerer Art. Dagegen konnte Wartislaw mit polnischer Billigung, vielleicht auch Hilfe, die vorpommerschen Gebiete bis Demmin erobern und unter seine Herrschaft bringen. Die Festigung seiner Herrschaft gelang ihm durch die Christianisierung des Landes. Bischof Otto von Bamberg unternahm zwei Missionsreisen nach Pommern. Die erste, von Polen aus organisiert, ging 1124 in Wartislaws ursprüngliches Herrschaftsgebiet, also ins westliche Hinterpommern. Die zweite Reise (1128) erfolgte vom Reich aus in die neu gewonnenen Gebiete nach Vorpommern und endete mit der offiziellen Annahme des neuen Glaubens auf dem Landtag zu Usedom Pfingsten 1128.

Zunächst war die Etablierung der neuen Religion natürlich nur rein äußerlich und formell. Wartislaw I. fiel selbst der heidnischen Reaktion zum Opfer und wurde ermordet. 1147 trat sein Bruder Ratibor I. (der für Wartislaws Söhne die Vormundschaft führte) in Stettin vor die dort versammelten christlichen Kreuzfahrer und beteuerte, dass er und seine Untertanen bereits Christen wären. Ratibor begründete aller Wahrscheinlichkeit nach auch die bis 1227 im östlichen Hinterpommern, in den Ländern Schlawe und Stolp, herrschende Linie der Ratiboriden.

Die Söhne und Enkel von Wartislaw I. hatten einerseits schwere Kämpfe mit den Nachbarn, aber insbesondere mit den neuen Großmächten im südwestlichen Ostraum, dem Herzogtum Sachsen unter Heinrich dem Löwen und dem Königreich Dänemark, auszustehen. Das slawische Pommern ging in diesen Kämpfen fast vollständig zugrunde. Es gelang den Greifenherzögen jedoch, ihre Herrschaft zu behaupten und den territorialen Bestand ihres Hoheitsgebietes zu erhalten. Dieses dürfte zu Beginn des 13. Jahrhunderts noch meistenteils mit den Grenzen des Bistums Cammin, das ja als pommersches Landesbistum gegründet worden war, zusammengefallen sein. Jedenfalls vermelden die Quellen für diese Zeit noch keine größeren Gebietsverluste. Dagegen mussten sie sich abwechselnd in die Abhängigkeit Sachsens, des Reichs und Dänemarks begeben. Und bereits die Söhne von War-

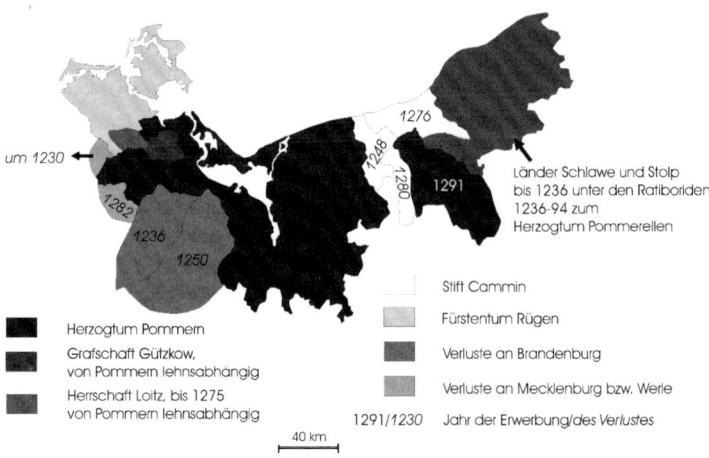

Pommern in der zweiten Hälfte des 13. Jahrhunderts

tislaw I. haben eine Aufteilung des Landes vorgenommen und damit eine im slawischen Herrschaftsverständnis wurzelnde, bis zum Ende der Dynastie fortwährende Tradition begründet. Alles in allem war es eine Übergangszeit, in der Pommern den Weg in den abendländischen Kulturkreis fand und während der tief greifende Umwälzungen vorbereitet wurden, welche die folgenden Jahrzehnte prägten.

Innerer Ausbau und äußere Verluste (1230 – 1320)

In der Rückschau markieren die Jahre um 1230 den Beginn einer radikalen Umwandlung der gesellschaftlichen Verhältnisse in Pommern. Bis zum Sturz des Dänenkönigs Waldemar II. 1227 waren die Pommernfürsten von diesem abhängig gewesen. Bereits vier Jahre später ließen sich die askanischen Markgrafen von Brandenburg vom Kaiser die Lehnshoheit über Pommern bestätigen; der Beginn von fast drei Jahrhunderten pommersch-brandenburgischer Auseinandersetzungen. 1236 musste der überwiegend in Demmin residierende Wartislaw III. große Teile seines Herrschaftsgebietes an Brandenburg abtreten und die Lehnshoheit der

Askanier anerkennen. 1250 konnte Barnim I. im Vertrag zu Hohenlandin wenigstens seine Nachfolge im Gebiet seines Vetters absichern, so dass er nach dessen Tod 1264 das ganze Herrschaftsgebiet der Greifen wieder in einer Hand vereinte. Aber auch er musste Gebietsverluste im Südwesten und Süden hinnehmen, was Teile der Ucker- und Neumark betraf. Und auch der von Barnim aufgenommene Kampf um das Erbe der Ratiboriden im östlichen Hinterpommern blieb zu seinen Lebzeiten erfolglos. Barnims Söhne teilten das von ihm geeinigte Herzogtum nach jahrelangen Streitigkeiten bereits 1295 wieder. Die erste Hauptlandesteilung in die Fürstentümer Wolgast und Stettin sollte für die nächsten rund einhundertachtzig Jahre Grundlage der Herrschaftsverteilung im Greifenhaus bleiben.

Der Griff der Nachbarn, insbesondere Brandenburgs, nach Pommern zog eine massive innere Umwälzung nach sich. Seit den 1220er-Jahren kamen verstärkt deutsche Siedler ins Land. Sie gründeten Städte und Dörfer, brachten ihre Vorstellungen von Recht und Wirtschaft mit, die sie, mit Privilegien der Herzöge ausgestattet, auch gegen die eingesessene slawische Bevölkerung durchsetzen konnten. Innerhalb weniger Jahrzehnte veränderte sich Pommern im Innern vollkommen. Bereits bei der Landesteilung von 1295 wurde der enorme Einfluss der Deutschen klar sichtbar. Sie waren aus zwei Richtungen ins Land gekommen, einmal aus dem Nordwesten des Reiches über Lübeck und zum anderen mehr aus südwestlicher Richtung, aus einem Gebiet, dessen Zentrum Magdeburg und Umgebung war. Dementsprechend bildeten sich zwei unterschiedliche Siedlungszonen heraus. An der Küste dominierten die über Lübeck eingewanderten Siedler, beiderseits der unteren Oder die Magdeburger. Deutlich erkennbar war dies an den unterschiedlichen Stadtrechten, aber auch an den Dorf- und Flurformen. Dem trug die eben erwähnte Teilung von 1295 insofern Rechnung, als dass die Lübecker Siedlungsgebiete zu Wolgast, die Magdeburger zu Stettin kamen.

Zu Beginn des 14. Jahrhunderts beherrschten die Greifen ein flächenmäßig deutlich reduziertes, dafür aber weitaus höher kultiviertes Gebiet als ihre Vorfahren einhundert Jahre zuvor. Insbesondere die Küstenstädte entwickelten sich rasch und spielten als

Mitglieder der Ende des 13. Jahrhunderts gegründeten Hanse bald eine bedeutende, häufig im Gegensatz zu den Fürsten stehende eigenständige politische Rolle.

Äußere Erfolge und dynastische Zersplitterung (1320–1478)

In der ersten Hälfte des 14. Jahrhunderts konnten die Wolgaster Herzöge ihre Herrschaft auf zwei wichtige Gebiete ausdehnen. 1317 gelang der Erwerb der Länder Schlawe und Stolp aus dem Erbe der Ratiboriden, die zwar in den Folgejahren zeitweilig wieder an den Deutschen Orden verpfändet, aber schließlich 1341 dauerhaft in Besitz genommen wurden. 1325 kam zudem gemäß früherer Vereinbarungen das Fürstentum Rügen an den Wolgaster Herzog Wartislaw IV. Sein kurz darauf erfolgter Tod löste den Rügischen Erbfolgekrieg aus, in dem auch die Mecklenburger und Werlischen Herren Ansprüche durchzusetzen versuchten. Letztlich behaupteten sich aber die Wolgaster Herzöge. Der damit verbundene enorme Gebietszuwachs zog rasch erneute Teilungen nach sich. 1368 vorläufig und 1372 dauerhaft spaltete sich das Herzogtum Wolgast in einen westlichen und östlichen Teil, wobei die Swine die Grenze bildete. Die westlichen Herrscher werden meist weiterhin als Herzog von Wolgast bezeichnet, die östlichen als Herzog von Stolp oder auch Herzog von Hinterpommern. Insbesondere der Westen erfuhr in den folgenden Jahren und Jahrzehnten weitere Teilungen. Dabei bildete in der Regel das ehemalige Fürstentum Rügen den einen Part, dessen Herrscher nach der Hauptresidenz Herzog von Barth genannt werden. Den anderen Teil machte das alte Wolgaster Gebiet westlich der Swine einschließlich der im zweiten Drittel des 14. Jahrhunderts an die Greifen gefallenen Grafschaft Gützkow aus. Hinzu kamen bereits seit der Mitte des 14. Jahrhunderts die Länder Torgelow und Pasewalk, deren endgültiger Erwerb aber erst 1448 gelang.

Die Stettiner Herzöge konnten solche Erwerbungen nicht vorweisen, errangen aber nicht minder wichtige Erfolge bei den Auseinandersetzungen mit Brandenburg, in die sie als unmittelbare Nachbarn intensiver verwickelt waren als die Wolgaster und Stol-

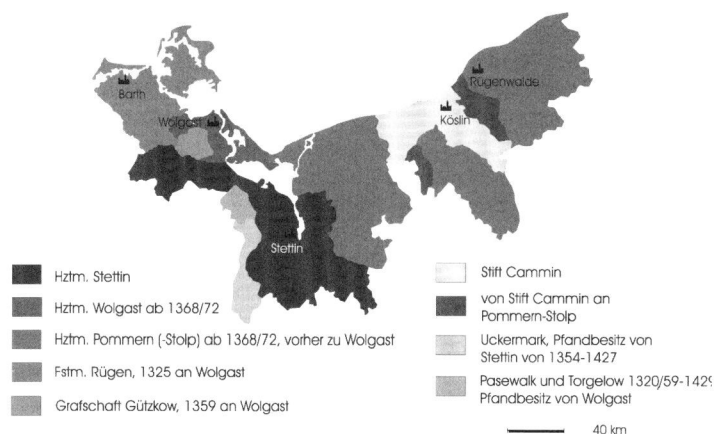

Pommern in der zweiten Hälfte des 14. Jahrhunderts

per Herzöge. Nach dem Aussterben der Askanier 1320 konnte insbesondere Barnim III. in Kämpfen gegen die jetzt Brandenburg beherrschenden Wittelsbacher die Position Pommerns festigen. 1338 erreichte er von Kaiser Ludwig dem Bayern die Reichsunmittelbarkeit, zunächst nur für die Stettiner Herzöge. Zehn Jahre später belehnte Kaiser Karl IV. alle pommerschen Herzöge gemeinsam, erkannte ihre Unabhängigkeit von Brandenburg und die gegenseitige Nachfolge in allen Teilfürstentümern an – die sogenannte Gesamthand. Das Streben der Greifen nach Unabhängigkeit, in erster Linie von Brandenburg, hatte sich hierbei mit der Suche des Kaisers nach Verbündeten im Ostseeraum gepaart. Die vierte Ehe Karl IV. mit Elisabeth, einer Tochter des ersten Herzogs von Stolp, Bogislaw V., bekräftigte die guten Beziehungen zwischen Reichsoberhaupt und Greifenhaus. Nebenbei bemerkt wurden 1348 auch die mecklenburgischen Obodritenfürsten zu Reichsfürsten erhoben.

Fast schien es Ende des 14. Jahrhunderts, als ob die Greifen fortan in der großen überregionalen Politik eine bedeutendere Rolle spielen würden. 1397 wurde der aus der Stolper Linie stammende Prinz Bogislaw als Erich von Pommern König der Kalmarer Union, einer Vereinigung der drei nordischen Königreiche Dänemark, Norwegen und Schweden. Aber er verlor die Kronen der drei Reiche zwischen 1439 und 1441 wieder, womit auch seine Nachfolgepläne für den Neffen Bogislaw IX. zerstoben.

Eine Wende in den pommersch-brandenburgischen Beziehungen trat durch die Übertragung der Mark an die Hohenzollern im zweiten Jahrzehnt des 15. Jahrhunderts ein. Vorher fungierten die Stettiner Herzöge zeitweilig sogar als Verweser der Markgrafschaft, und es gelang ihnen auch, die Uckermark wenigstens teilweise wieder unter ihre Herrschaft zu bringen. Der erste hohenzollerische Kurfürst erneuerte jedoch die alten Forderungen nach der Lehnsabhängigkeit Pommerns von Brandenburg. Das zog jahrzehntelange Auseinandersetzungen nach sich, die Pommern letztlich den endgültigen Verlust der Uckermark brachten. Besonders prekär wurde die Situation nach dem Aussterben der Stettiner Linie 1464. Da Brandenburg das Nachfolgerecht der Wolgaster Herzöge bestritt, musste nun um das Erbe gekämpft werden. Schließlich gelang Bogislaw X. als einzigem noch lebendem Greifenherzog bei Anerkennung der brandenburgischen Oberhoheit die Nachfolge im Stettiner Herzogtum.

Auf dem Weg zum frühmodernen Staatswesen (1478 – 1637)

Bogislaw X., der mit fast fünfzig Jahren (1474–1523) unter den Greifen eine der längsten Regierungszeiten aufzuweisen hat und davon noch die meiste Zeit, ab 1478, als Alleinregent, gilt als Schöpfer des frühmodernen Staates in Pommern. Neben der Regelung des Verhältnisses zu Brandenburg, deren Abschluss im Vertrag von Grimnitz 1529 er nicht mehr selbst erlebte, steht sein Name für innere Reformen in Justiz und Verwaltung. Das von ihm begonnene Werk, das einen mittelalterlichen Personenverbandsstaat zum frühmodernen Ständestaat umgestaltete, wurde von seinen Nachfolgern fortgesetzt, wenn auch in unterschiedlicher Intensität.

Zu den wichtigsten Ereignissen im letzten Jahrhundert der Greifenherrschaft zählt zweifellos die Reformation. Die in ihrem Verlauf durchgeführte Säkularisation des geistlichen Besitzes und die 1556 erfolgte Umwandlung des Stiftes Cammin (des weltli-

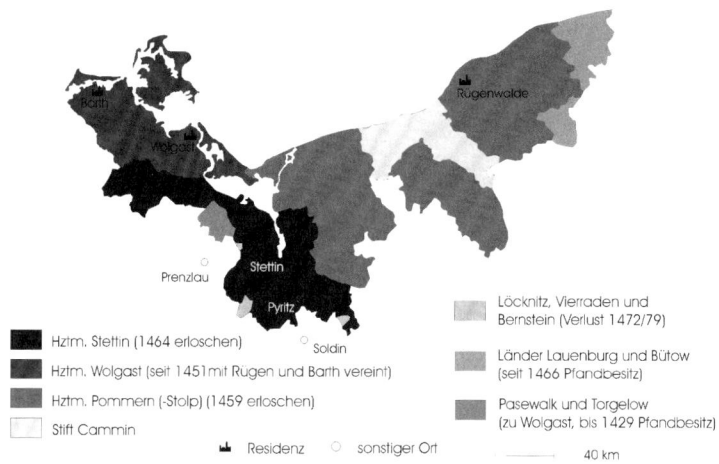

Pommern in der zweiten Hälfte des 15. Jahrhunderts

chen Herrschaftsgebietes der Bischöfe) in ein de facto weiteres Fürstentum der Greifen, stärkten die herzogliche Macht. Was jedoch nicht gelang, war die dauerhafte Einheit des Landes. Schon neun Jahre nach dem Tod Bogislaw X. wurde Pommern erneut geteilt. Obwohl die dabei entstehenden Fürstentümer wiederum Wolgast und Stettin hießen, erfolgte die Teilung diesmal nicht in West-Ost-, sondern in Nord-Süd-Richtung. Im Laufe der Zeit bürgerte sich für den Wolgaster Teil der Name Vorpommern ein, für den Stettiner Teil die Bezeichnung Hinterpommern. Eine 1569 notwendig gewordene Neuregelung der Teilungsverträge verhinderte die weitere Zersplitterung. Es blieb bei den zwei regierenden Häusern Wolgast und Stettin plus das Stift Cammin. Alle weiteren männlichen Mitglieder des Herzogshauses erhielten entweder kleinere Gebietsteile als Apanage mit eingeschränkten Herrschaftsrechten oder sie wurden mit Geldrenten abgefunden.

Nach außen sollte das Herzogtum weiterhin als Ganzes bestehen bleiben. Jedoch zeigte die faktische Entwicklung, dass die einzelnen Teilfürstentümer mehr und mehr getrennte Wege gingen. Dies trat deutlich zu Tage, als Bogislaw XIV. 1625 noch einmal alle drei Herrschaften in seiner Hand vereinte. Die Einheit bestand vor allem in seiner Person als Landesherr, gesonderte Landesver-

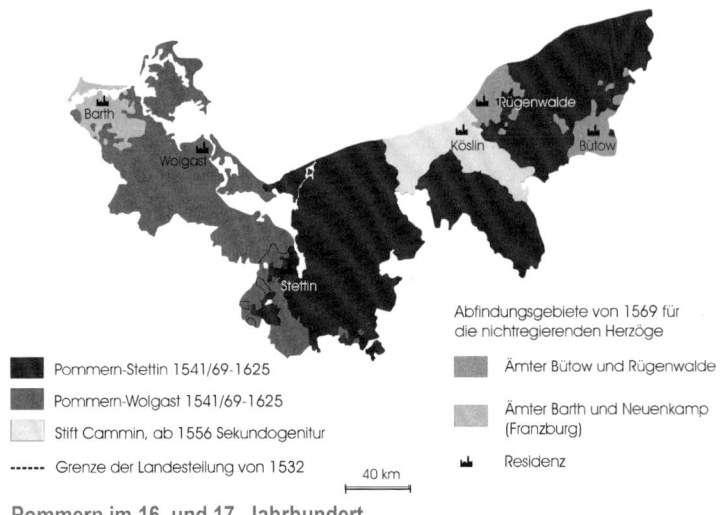

Pommern im 16. und 17. Jahrhundert

waltungen blieben bestehen. Lediglich ein Geheimer Rat wurde als übergreifende Instanz 1627 eingerichtet, aber dieser konnte sich in der kurzen Zeit bis zum Tod des letzten Herzogs 1637 und unter den schwierigen Kriegsverhältnissen seit Ende 1627 nicht mehr zu einem wirklichen Regierungsorgan entwickeln.

Die Schaffung zumindest partiell moderner Verwaltungsstrukturen sollte den Nachfolgern der Greifen, Brandenburg in Hinterpommern und Schweden in Vorpommern einschließlich Stettin, vorbehalten bleiben.

Residenzen und Grablegen der Greifen

Das Mittelalter war die Zeit der Reiseherrschaft. Dies galt für Kaiser und Könige ebenso wie für die geistlichen und weltlichen Landfürsten. Es existierte eine Reihe von Orten, die in mehr oder weniger regelmäßigen Abständen aufgesucht und dann unterschiedlich lange bewohnt wurden. Dazu zählten zum einen die im Besitz der Herzöge selbst befindlichen Burgen oder Höfe, zum anderen aber auch Klöster, insbesondere solche, die komplett oder zu großen Teilen auf herzogliche Stiftungen zurückgingen. Zeitpunkt und Dauer des Aufenthalts wurden sowohl von politischen Erfordernissen als auch von wirtschaftlichen Notwendigkeiten bestimmt. Zu den Letzteren zählten natürlich die vorhandenen Nahrungs- und sonstigen Vorräte. Die Anzahl der einem Herrscher zur Verfügung stehenden Aufenthaltsorte hing in erster Linie von der Größe seines Herrschaftsgebietes ab. In Pommern schufen die zahlreichen Landesteilungen des 14. und 15. Jahrhunderts immer kleinteiligere Herrschaftsgebiete mit entsprechend weniger potentiellen Reisezielen. Mitunter entstanden durch sie aber auch neue, nicht selten nur temporär genutzte Anlaufpunkte. Stralsund, Gützkow, Loitz und Stargard sind Beispiele aus dem späten 14. und 15. Jahrhundert für solch eine zeitweilige herzogliche Nutzung.

Daneben bildete sich bereits im 14. Jahrhundert eine Gruppe von bevorzugt genutzten Orten heraus, aus denen sich dann später feste Residenzen entwickelten. Diese waren zumeist bis in die Anfänge der schriftlichen Überlieferung zurückzuverfolgende Mittelpunkte der einzelnen Landesteile bzw. Teilherrschaften. Stettin und Wolgast sind hier an erster Stelle zu nennen. Stettin hatte bereits unter Wartislaw I. einen fürstlichen Hof und in Wolgast gab es zur selben Zeit schon eine Burg. Beide Orte erhielten durch Barnim III. um 1330 bzw. 1345 eine neue, zeitgemäße Burganlage. Unter Bogislaw X. wurden daraus an der Wende vom 15. zum 16. Jahrhundert feste Residenzen, wobei Stettin als Hauptresidenz fungierte. Andere solcher Landesteilmittelpunkte waren zum Beispiel Rügenwalde, Stolp und Barth, die bereits von den Vorgängern der Greifen, den Swenzonen bzw. den Rügenfürsten als befestigte Aufenthaltsorte gedient hatten, wobei die Greifen in Rügenwalde im 14. Jahrhundert eine neue Burg errichten ließen. Alle drei Orte behielten auch nach dem Übergang zur festen Residenzbildung ihre Bedeutung als Nebenresidenzen. Denn auch die Herzöge des 16. und 17. Jahrhunderts reisten noch im Land umher, und zudem dienten diese Plätze den nicht regierenden Herzögen in dieser Zeit als Wohnort bzw. Apanage, so zum Beispiel Barth 1569 bis 1605 als Apanage von Bogislaw XIII.

Eine weitere wichtige Funktion solcher Residenzorte, die bis weit in das Mittelalter zurückreichte, war die Versorgung der her-

Residenzschloss Stettin, Kupferstich aus der Mitte des 17. Jahrhunderts

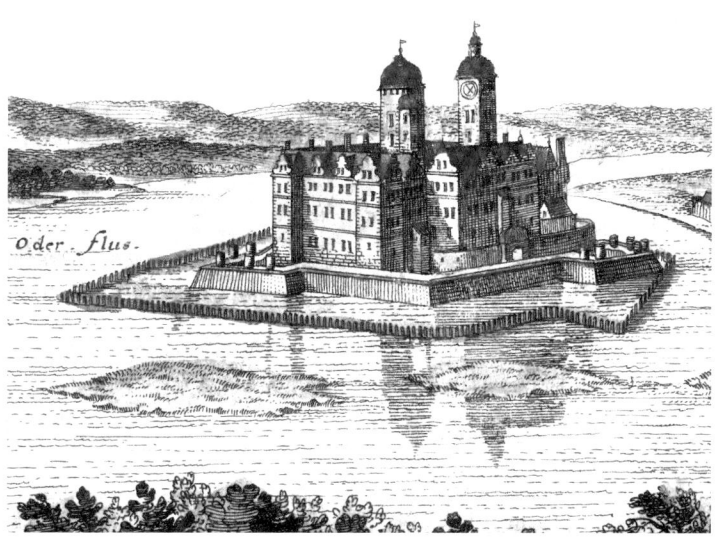

Residenzschloss Wolgast, Kupferstich aus der Mitte des 17. Jahrhunderts

zoglichen Witwen, zu der sich ihre Gatten bei Abschluss der Eheverträge verpflichten mussten. Zwar konnte die Versorgung grundsätzlich auch durch Leibrenten erfolgen, aber meist wurden doch Burgen oder Höfe mit dem dazu gehörigen Grundbesitz als Witwensitz, als sogenanntes Leibgedinge, genutzt, wovon die Hauptresidenzen Stettin und Wolgast jedoch stets ausgenommen waren.

Allgemeinen Entwicklungstendenzen folgend kam es in der zweiten Hälfte des 15. Jahrhunderts zur festen Residenzbildung. In Pommern lässt sich dies wie erwähnt an der Person Bogislaw X. festmachen. Die Gründe dafür lagen einmal in der Ausweitung und Verstetigung des Geschäftsbetriebes der herzoglichen Verwaltung, wo es jetzt zur Ausbildung regelrechter Behörden wie Kanzlei und Hofgericht kam. Deren Tätigkeit ließ sich immer weniger mit einer Reiseherrschaft vereinbaren. Ein weiterer Grund lag in den gesteigerten Wohnansprüchen der Herrscher selbst, die es immer schwieriger und kostspieliger machten, mit dem ganzen Hofstaat zu reisen bzw. allerorts die den neuen Ansprüchen genügenden Räumlichkeiten zu schaffen. So verwundert es nicht, dass gerade das 16. und frühe 17. Jahrhundert Phasen häufiger Um- und Erweiterungsbauten darstellen.

Es bildete sich in dieser Zeit ein Netz von Haupt- und Nebenresidenzen mit unterschiedlichen Funktionen heraus. Stettin und Wolgast waren, insbesondere ab der Landesteilung von 1532, die beiden Hauptresidenzen, zu denen nach der Übernahme des Stifts Cammin durch die Greifen noch Köslin hinzutrat. Alle übrigen herzoglichen Burgen, Schlösser und Stadthöfe wurden je nach Bedarf als zeitweilige Nebenresidenz des regierenden Herzogs, zum Beispiel zur Jagdsaison oder bei Seuchen in den Hauptresidenzorten, als Apanagen der nichtregierenden Herzöge und Leibgedinge der herzoglichen Witwen benutzt. Daneben und dazwischen waren sie, wie übrigens die Hauptresidenzen auch, Sitz der lokalen herzoglichen Amtsverwaltung.

Die Klöster hatten sich unter Bogislaw X. ihrer Pflicht zur Aufnahme des herzoglichen Hofstaates durch Zahlung einer Abgabe, des Ablagers, entledigt. Mit der Reformation wurden sie herzoglicher Besitz und je nach Bedarf in das System der Nebenresidenzen eingegliedert. Manche, die bekanntesten Beispiele sind Neuenkamp, Köslin sowie das Kartäuserkloster Gottesgnade vor Stettin, wurden auch zu Schlössern umgebaut. Daneben kam es insbesondere ab der zweiten Hälfte des 16. Jahrhunderts zum Bau ganz neuer herzoglicher Schlösser, die jedoch nur bedingt als Residenzen anzusprechen sind. Sie dienten in erster Linie der Befriedigung der gesteigerten Ansprüche der Herrscher, zum Beispiel als Jagdschlösser, wie Friedrichswalde bei Stargard, Kasimirsburg bei Kolberg und Lindenberg südlich von Demmin. Der Höhepunkt dieser Entwicklung wurde allerdings erst in der Zeit nach dem Aussterben der pommerschen Herzöge im Zeitalter des Barock im späten 17. und 18. Jahrhundert erreicht. Deshalb sind regelrechte herzogliche Lustschlösser in Pommern auch nicht vorhanden.

Heute künden nur noch wenige Schlösser bzw. Residenzen der Greifen von deren einstiger Präsenz im Land, wobei ein eindeutiges Schwergewicht auf dem polnischen Teil Pommerns liegt. Mit dem nach den schweren Zerstörungen des 2. Weltkrieges im Prinzip neu gebauten Stettiner Schloss liegt hier auch die größte und

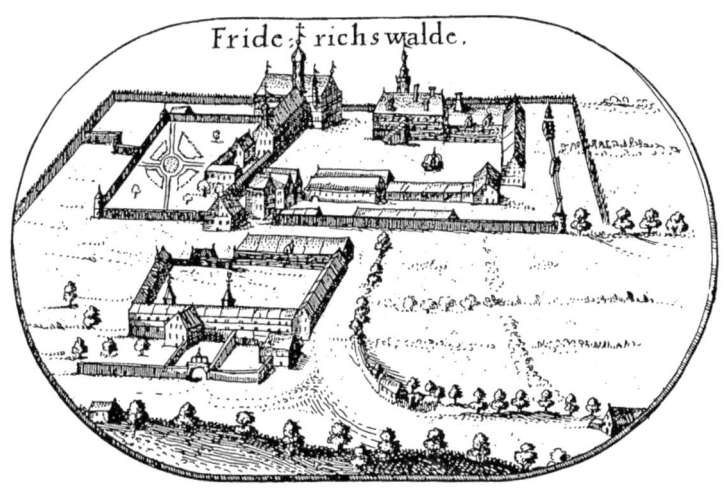

Jagdschloss Friedrichswalde bei Stargard, Ende des 16. Jahrhunderts von Herzog Johann Friedrich erbaut

wichtigste Schlossanlage der pommerschen Herzöge. Sein Wolgaster Pendant ist dagegen so gründlich beseitigt worden, dass selbst bei archäologischen Grabungen nur spärlichste Überreste zum Vorschein kamen. Mit Rügenwalde, Stolp, Neustettin und Bütow gibt es in Hinterpommern noch vier Nebenresidenzen und mit dem herzoglichen Haus in Altdamm ein Beispiel für die im 16. Jahrhundert neu gebauten Jagdschlösser. Dagegen ist in Vorpommern kaum etwas erhalten. Lediglich das Ueckermünder Schloss ist noch in Teilen überliefert. Daneben könnte man noch Ludwigsburg bei Greifswald und Klempenow an der Tollense wenigstens bedingt als herzogliche Schlossbauten bezeichnen. Das Barther Schloss ist völlig überbaut, alle anderen sind oberirdisch verschwunden und vielfach, wie zum Beispiel außer dem schon genannten Wolgaster auch das Loitzer Schloss, nicht einmal mehr archäologisch in bedeutenden Teilen nachweisbar. So bleiben nur die historischen Ansichten und archivalische Quellen wie Inventare und Bauakten, die uns etwas über ihr Aussehen verraten können.

Eng mit den Residenzen verknüpft sind die Grablegen der Herzöge. Bis zur Ausbildung fester Residenzen am Ende des 15. Jahrhunderts verteilten sich die Bestattungsorte der Greifen

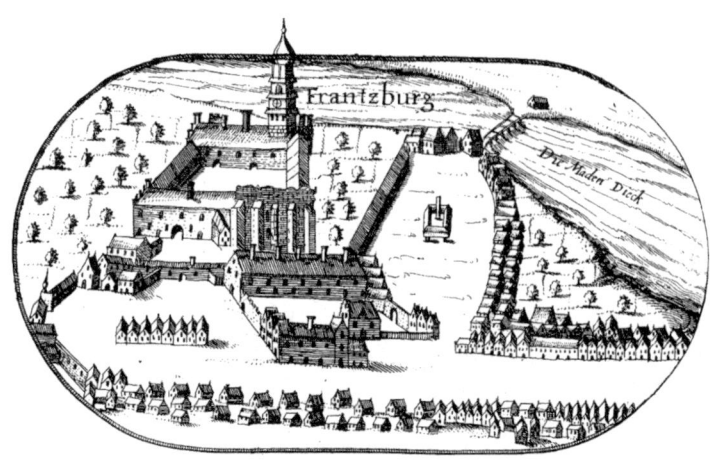

Das um 1580 durch Bogislaw X. errichtete Schloss Franzburg, Beispiel für die Umnutzung einer mittelalterlichen Klosteranlage, hier des Zisterzienserklosters Neuenkamp

unregelmäßig über das Land. Zu den ältesten nachweisbaren Grablegen gehören wiederum die Klöster. Daneben bildeten seit dem 14. Jahrhundert die sich etablierenden Hauptresidenzorte Stettin und Wolgast als wichtige Bestattungsorte heraus. In Stettin dienten die beiden von Barnim I. bzw. Barnim III. gegründeten Stiftskirchen St. Marien und St. Otto als Grablegen, in Wolgast war es die Stadtpfarrkirche St. Petri. Erst mit der Etablierung fester Residenzen kam es im Zuge einer sich mehr und mehr herausbildenden Bestattungskultur als Teil des zeremoniellen höfischen Lebens zur Einrichtung regelrechter dynastischer Grablegen in Stettin und Wolgast. Dabei griff man bestehende Traditionen auf. In Stettin fungierte die unter Johann Friedrich an der Stelle der St. Ottenkirche errichtete Schlosskirche als herzogliche Grablege, in Wolgast wurde beginnend mit der Bestattung von Philipp I. 1560 eine herzogliche Gruft in der Petrikirche eingerichtet.

Die in beiden Grüften noch vorhandenen Särge dieser Zeit, häufig prächtige Kunstwerke, wurden nach dem 2. Weltkrieg zunächst in Stettin, vor einigen Jahren aber auch in Wolgast restauriert und sind zumindest teilweise heute im Stettiner Schloss bzw. in der Wolgaster Petrikirche zu besichtigen.

Innenansicht der Stettiner Schlosskirche vor 1945

Titel und Wappen

Der vollständige Titel, den die pommerschen Herzöge der letzten Generationen trugen, lautete: *N.N., Herzog zu Stettin, der Pommern, Kassuben und Wenden Herzog, Fürst von Rügen, Graf zu Gütz-*

kow, *Herr der Lande Lauenburg und Bütow*, wobei die beiden letzten Bestandteile nicht immer vorkamen. Bei denjenigen, die ab 1556 als Titularbischöfe im Stift Cammin herrschten, trat der Titel eines Bischofs von Cammin hinzu. Der Gesamttitel war das Ergebnis einer mehrhundertjährigen Entwicklung und ist im Zusammenhang mit der Geschichte der Besitzerwerbungen der Greifen zu sehen; die dahinterstehenden Territorien und Herrschaften waren nicht immer real zu fassen. Bei den frühesten bekannten Titeln der Greifen herrschte die Bezeichnung Pommern vor, zu der sich noch im 12. Jahrhundert der Herzog von Slawien (dux slaviae) gesellte. Im 13. Jahrhundert kam es mit den Titeln eines Herzogs zu Demmin bzw. Stettin interessanterweise zu einer Orientierung an den Herrschaftssitzen, wie sie weder vorher noch – mit Ausnahme von Stettin – später gebräuchlich war. Die Herzöge der Wolgaster Linie ab 1295 nannten sich beispielsweise niemals Herzöge von Wolgast. Ab der Mitte des 14. Jahrhunderts bildete sich über alle Linien des Herzogshauses hinweg ein gemeinsamer Titel mit der Bezeichnung *Herzog zu Stettin* (dux stetinensis bzw. dux stetini) an erster Stelle heraus, aus dem dann bis zur ersten Hälfte des 16. Jahrhunderts die oben genannte vollständige Titulatur entstand.

Mit der Entwicklung des Titels eng zusammen hängt die des herzoglichen Wappens bzw. Siegels, bilden doch die einzelnen Teile des zuletzt benutzten neunfeldigen Wappenschildes tatsächlich oder nur imaginär vorhandene Herrschaften oder Landschaften des Herzogtums ab. Das Geschlecht der Herzöge von Pommern trug seinen Namen nach dem Wappentier. Der Greif, ein gerade im slawischen Bereich beliebtes heraldisches Symbol, ist erstmals auf einem Siegelabdruck Herzog Bogislaw II. an einer Urkunde von 1214 belegt. Es gibt noch einen älteren Hinweis auf eine heute verlorene Urkunde, die von dessen Bruder Kasimir II. bereits im letzten Jahrzehnt des 12. Jahrhunderts ausgestellt worden war. Zunächst wurden die Dynastie und ihre Vertreter nur »auswärts« als Greifen bezeichnet, seit dem 15. Jahrhundert verwendeten sie selbst diesen Namen.

Ihre heraldische Grundfigur war ein aufrecht schreitender roter Greif in Silber. Im Zuge der dynastischen Teilungen und der Ver-

Wappenstein Herzog Philipp I. von 1551 mit dem vollständigen neunfeldigen Wappen und der vollständigen Titulatur der pommerschen Herzöge zu dieser Zeit, Umzeichnung des 19. Jahrhunderts

festigung der einzelnen Linien kamen im 15. Jahrhundert Varianten hinzu. So führten die Wolgaster Herzöge in dieser Zeit auch einen schwarzen Greifen in Gold. Nicht zuletzt, um die Zusammengehörigkeit der einzelnen Teilherrschaften zu demonstrieren,

Siegel Herzog Bogislaw II. von 1214 mit der ältesten bekannten Darstellung eines Greifen in einer Umzeichnung des 19. Jahrhunderts, das Original ist heute verloren

entstanden in der zweiten Hälfte des 15. Jahrhunderts zusammengesetzte Wappenschilde mit vier und fünf Feldern. In der Herrschaftszeit von Bogislaw X. erfolgten um 1500 die Neuordnung des pommerschen Herzogswappens und seine Vermehrung auf einen neunfeldigen Schild. Dieser wurde später lediglich von den Inhabern des Stiftes Cammin aus der Greifendynastie, die auch den Titel eines Bischofs von Cammin führten, um das rote Bischofskreuz als Herzschild erweitert.

Nach dem Aussterben der Greifen blieb ihr Wappentier das heraldische Symbol Pommerns. Die Nachfolger Brandenburg und Schweden herrschten hier als Herzöge von Pommern mit deren Rechten und Pflichten und eben auch mit deren Symbolik. Hinzu kam, dass die Hohenzollern als eine der erbenden Dynastien bereits seit dem 15. Jahrhundert Elemente des pommerschen Wappens mit Greifendarstellungen in ihrem eigenen Wappen führten, um damit ihre Ansprüche auch symbolisch zu demonstrieren. Im 19. Jahrhundert führte Preußen für seine einzelnen Provinzen Wappen ein. Die geografisch im Wesentlichen dem Herrschaftsgebiet der letzten Greifen entsprechende Provinz Pommern erhielt dabei den roten, aufrecht schreitenden Greifen auf Silber als Wappentier. Während das erste, von 1945 bis 1952 existierende

Wappen der preußischen Provinz Pommern seit 1881

Land Mecklenburg-Vorpommern, das seit 1947 nur noch Mecklenburg hieß, den Greifen nicht in Wappen und Siegel führte, ist der rote Greif des Provinzwappens Bestandteil des seit 1990 existierenden Bundeslandes Mecklenburg-Vorpommern und steht für die in diesem aufgegangenen Gebietsteile des Herzogtums und der Provinz Pommern. Eine Anzahl von Kreisen, Städten und Gemeinden im vorpommerschen Landesteil führt den Greifen ebenfalls in Wappen und Siegel.

So lebt denn die Erinnerung an die einst im Land am Meer herrschende Dynastie heute vor allem in dem von ihr benutzten heraldischen Hauptsymbol weiter.

Pom.	Stet.	Rüg.
Stettin.	Pommern.	Kassuben.
Wenden.	Rügen.	Usedom.
Bard.	Güzkow.	Wolgast.
	Blutfahne.	

Wappen des Herzogthums Pommern.

PORTRÄTS

Die Porträts sind in chronologischer Reihenfolge angeordnet.

Wartislaw I. (um 1100 – um 1148)

Mit Wartislaw I. beginnt die sichere Stammfolge des pommerschen Herzogshauses. Wer sein Vater gewesen ist, kann nicht sicher gesagt werden. Möglicherweise war er ein Sohn des 1122 als »Oderherzog« erschlagenen Svantopolk. Dann könnte Wartislaw der älteste Sohn gewesen sein, den Svantopolk um 1112/13 den Polen als Geisel stellen musste. Die mitunter zu lesende Geschichte, dass Wartislaw auch Geisel der Sachsen gewesen sei und als solche das Christentum angenommen habe, entbehrt jedoch jedes Nachweises.

1121/22 eroberte Herzog Boleslaw III. von Polen, genannt Schiefmund, das Odermündungsgebiet und Stettin. Wartislaw musste sich ihm unterwerfen, Tribut zahlen und Truppen stellen. Aber er profitierte auch von den militärischen Erfolgen des Polen. Nachdem der nämlich kurzzeitig das westlich der Oder gelegene Land der Lutizen entlang der Peene und hinab bis zur Müritz erobert und besetzt hatte, übernahm Wartislaw nach dem Abzug der siegreichen Krieger die Herrschaft in diesen Gebieten. So vereinte er die alten pomoranischen Siedlungsgebiete östlich der Oder mit denen der Lutizen westlich des »pommerschen Schicksalsflusses«.

Aber er tat noch mehr, um die Herrschaft zu festigen und zu sichern. Bereits 1124 war Bischof Otto von Bamberg auf Wunsch des Polenherzogs zu einer ersten Missionsreise ins Herrschaftsgebiet Wartislaws gekommen. Er hielt sich dabei vor allem im alten Siedlungsgebiet der Pomoranen östlich der Oder auf. 1128 kam er ein zweites Mal, diesmal unter dem Schutz des Römischen Königs und des Markgrafen Albrecht des Bären. Jetzt missionierte er unter den Lutizen westlich der Oder. Höhepunkt dieser Reise war der zu Pfingsten 1128 in Usedom abgehaltene Landtag, auf dem die Großen des Landes im Beisein Ottos und Wartislaws der Annahme des Christentums zustimmten.

Wartislaw I. war den späteren Chronisten zufolge zweimal verheiratet. Seine erste Gemahlin trug den Namen Heila, aus dem einige Chronisten dann eine Helena, Tochter eines Welfenfürsten, machen wollten. Seine zweite Gemahlin soll eine dänische Prinzessin namens Ida gewesen sein. Sie wird auch als die Mutter von

Wartislawstein bei Grüttow in der Nähe von Stolpe als Sühnezeichen am angeblichen Ort der Ermordung Herzog Wartislaw I. Eine kaum erkennbare Zeichnung auf der Rückseite des Steins kann als menschliche Figur (Wartislaw I. ?) gedeutet werden.

Wartislaws beiden Söhnen Bogislaw I. und Kasimir I. angesehen. Unbekannt ist Wartislaws genaues Todesdatum. Am häufigsten werden die Jahreszahlen 1135 oder 1147/48 angegeben. 1153 stiftete sein Bruder Ratibor I. an der Stelle, wo Wartislaw von einem noch dem heidnischen Glauben anhängenden Wenden erschlagen worden sein soll, das Kloster Stolpe an der Peene. Möglicherweise ist er dort auch begraben worden. Immerhin stellt die Ruine der Klosterkirche Stolpe den ältesten erhaltenen Steinbau in Vorpommern dar.

Für Wartislaws unmündige Söhne übernahm Ratibor die Regentschaft. Dieser sah sich 1147 einem christlichen Kreuzfahrerheer unter Führung des ersten Markgrafen von Brandenburg, Albrecht dem Bären, gegenüber, das vor den Mauern von Stettin stand. Unter Verweis auf die bereits durch Otto von Bamberg erfolgte Missionierung der Pommern erreichte er den Abzug der Kreuzfahrer.

Bogislaw I. (um 1124 – 1187)

Gemeinsam mit Kasimir I. übernahm Bogislaw I. nach dem Tode ihres Onkels Ratibor I. 1156 die Herrschaft. Ob es je zu einer förmlichen Teilung der Herrschaft zwischen den beiden Brüdern kam, ist ungewiss. Doch belegen die späteren Ereignisse, dass Kasimir mehr im westlichen und Bogislaw mehr im östlichen Teil des pommerschen Fürstentums wirkte. Sie lebten in einer Zeit des Übergangs. Zwar war mit dem Tod Boleslaw Schiefmunds 1136 und den daraufhin ausgebrochenen Rivalitäten um die Nachfolge Polen als Bedrohung erst einmal ausgeschieden, dafür strebten der Sachsenherzog Heinrich der Löwe und der Dänenkönig Waldemar I. nach der Oberhoheit über die wendischen Fürstentümer an der südlichen Ostseeküste. So sehen wir die beiden Brüder dann auch immer wieder in Kämpfe verwickelt, die sie als Gegner oder als Vasallen der beiden mächtigen Herrscher führen mussten.

1164 halfen sie dem Obodritenfürsten Pribislaw bei seinem Aufstand gegen die Sachsen und schlugen das feindliche Heer unter Graf Adolf von Holstein in der Schlacht bei Verchen in der Nähe von Demmin. Kurz darauf erkannten sie aber bereits die Oberhoheit sowohl Heinrichs des Löwen als auch Waldemars von Dänemark an, und 1168 beteiligten sie sich an der Seite des Dänenkönigs bei der Unterwerfung der Ranen auf Rügen. Während Kasimir in den folgenden Jahren mehrfach im Auftrag Heinrichs zu Felde zog, näherte sich der in Stettin residierende Bogislaw dem Polenherrscher Miezko an. Ausdruck dieser Verbindung war seine zweite Ehe mit Miezkos Tochter Anastasia. In erster Ehe war Bogislaw mit der dänischen Prinzessin Walpurgis verheiratet gewesen.

Als der mächtige Sachsenherzog Heinrich 1181 gestürzt wurde, war der hauptsächlich in Demmin residierende Kasimir schon gestorben und seine Teilherrschaft an den Bruder gefallen. So begab sich Bogislaw nach Lübeck, wo ihn 1181 Kaiser Friedrich I. Barbarossa mit seinem Land belehnte und als Herzog von Slawien anerkannte. Diesen Titel, lateinisch »dux Slaviae« bzw. »dux Slavorum«, führten auch seine Nachfolger noch lange Zeit. Doch bereits 1185 musste sich Bogislaw wieder dem Dänenkönig un-

Reitersiegel Herzog Bogislaw I. von 1170 in einer Nachzeichnung des 19. Jahrhunderts

terwerfen. Zwei Jahre später starb er. Seine Söhne und Erben waren Bogislaw II. und Kasimir II. Die von ihnen vollzogene Teilung in eine Stettiner und eine Demminer Herrschaft sollte fast 80 Jahre Bestand haben.

In die Zeit Bogislaw I. und seines Bruders fallen als bleibende Leistung die Stiftung der ersten Kirchen und Klöster in Pommern, so Stolpe an der Peene 1153, Grobe auf Usedom um 1155, Dargun 1171, Kolbatz 1173 und Belbuck 1176/82. Der zunächst in der Stadt Wollin residierende Bischof nahm nach einem kurzen Intermezzo in Grobe/Usedom schließlich um 1176 seinen endgültigen Sitz in Cammin. Die Überlassung der dortigen fürstlichen Burg durch Kasimir I. hatte dies möglich gemacht.

Wartislaw III. (um 1210 – 1264)

Wartislaw III. war ein Sohn Kasimir II., der wiederum ein Sohn Bogislaw I. gewesen war. Er war zugleich der letzte dauerhaft in Demmin residierende pommersche Herzog. Von 1219 bis in die Mitte der 1220er Jahre führte seine Mutter Ingardis, vermutlich eine dänische Prinzessin, die Regentschaft für den minderjährigen

Reitersiegel Herzog Wartislaw III. von 1225 in einer Nachzeichnung des 19. Jahrhunderts

Sohn. Wieder bahnten sich bedeutende Veränderungen an, die auf einer Verlagerung des Kräfteverhältnisses im südlichen Ostseeraum beruhten. Seit der Anerkennung der dänischen Oberhoheit über Pommern durch Bogislaw I. 1185 war das nordische Königreich die unbestrittene Führungsmacht in der Region. Beginnend mit der Gefangennahme König Waldemar II. 1223 und endend mit seiner Niederlage in der Schlacht bei Bornhöved 1227 gegen eine Koalition norddeutscher Fürsten verlor Dänemark seine Oberherrschaft über die Slawenländer mit Ausnahme des Fürstentums Rügen. Ein nochmaliger dänischer Einfall in das Herrschaftsgebiet Wartislaw III. konnte 1234 mit der Hilfe der Stadt Lübeck erfolgreich abgewehrt werden.

Der zunehmende Einfluss der Deutschen war dann auch das grundlegende Merkmal der Herrschaftszeit von Wartislaw. Von Süden drangen die Markgrafen von Brandenburg gegen Pommern vor. Im Vertrag von Kremmen musste Wartislaw 1236 ihre Oberherrschaft anerkennen, ihnen fast die Hälfte seines Herrschaftsgebietes abtreten und ihre Nachfolge bei seinem erbenlosen Tod zugestehen. Später erreichte sein Vetter Barnim I. im Vertrag von Hohenlandin 1250 wenigstens die Streichung dieser letzten Bestimmung. Ebenfalls 1236 verlor Wartislaw auch weitere Gebiete im Westen seines Herrschaftsgebietes an die mecklenburgischen Fürsten. Es handelte sich hauptsächlich um die wahrscheinlich erst in den 1160er-Jahren an Pommern gekommene Landschaft Zirzipanien. Die Residenz Demmin wurde somit fast zur Grenzstadt. Lediglich in kirchenorganisatorischer Hinsicht blieb Zirzipanien weiterhin beim pommerschen Bistum Cammin.

Seit 1236 lassen sich in Wartislaws Gefolge Deutsche nachweisen. Sie begannen in den folgenden Jahren in wachsendem Maße die Entwicklung des Landes zu bestimmen. Den Adligen folgten bald Siedler, die das Land kultivierten und dabei ihre landwirtschaftlichen Arbeitsmethoden mitbrachten. Am besten dokumentiert sind aber die Städtegründungen nach deutschem Recht. Dabei lässt sich feststellen, dass Wartislaw III. in seinem Gebiet die Städte nur mit lübischem Recht bewidmete. Seine alleinigen Stadtrechtsverleihungen sind Demmin (Jahr unbekannt, vor 1250), Greifswald (1250) und Greifenberg (1262), mit Bischof Hermann von Cammin bewidmete er Kolberg (1255), und mit seinem Vetter Barnim I. Wolgast (ca. 1257), Wollin (1262) und Stavenhagen (1252). Als Wartislaw am 17. Mai 1264 starb, war die deutsche Besiedlung seines vormals slawischen Landes zu einer irreversiblen Tatsache geworden.

Barnim I. (ca. 1218/19 – 1278)

Teile der Biografie Barnim I., der ein Sohn Bogislaw II. und Miroslawas von Pommerellen war, ähneln der seines gleichzeitig lebenden Vetters Wartislaw III. Beide wurden fast zeitgleich geboren und verloren bereits als Kind den Vater, so dass ihre Mütter über Jahre die Vormundschaft für sie ausübten. Und da sie zur selben Zeit lebten, waren sie beide mit ähnlichen Problemen während ihrer Herrschaft konfrontiert. Dazu zählten die Auseinandersetzungen mit den Nachbarn, insbesondere mit den Markgrafen von Brandenburg, aber auch der beginnende deutschrechtliche Landesausbau einschließlich der Festigung des Kirchenwesens.

Obwohl nicht urkundlich belegt, musste auch Barnim sein Land von den brandenburgischen Landgrafen zu Beginn seiner Herrschaft, wahrscheinlich 1234 oder 1236, zu Lehen nehmen. Aber es gelang ihm dann nach weiteren Verhandlungen und Auseinandersetzungen im Vertrag von Hohenlandin 1250 eine entscheidende Verbesserung der Verträge der 1230er-Jahre. Er konnte nämlich die gemeinsame Belehnung mit seinem Vetter Wartislaw III. zur gesamten Hand sichern und damit den seit 1236 drohenden Verlust von Wartislaws Herrschaftsgebiet abwenden. Tatsächlich folgte Barnim I. seinem Vetter nach dessen Tod 1264 und sicherte somit den Zusammenhalt der pommerschen Teilherrschaften.

Bei anderen außenpolitischen Vorhaben war er weniger glücklich. Vor allem gelang ihm nicht die Sicherung der Nachfolge in der Herrschaft seiner Verwandten, der Ratiboriden. Diese besaßen die Länder Schlawe und Stolp, also das östliche Hinterpommern. Im Grenzgebiet zwischen Hinterpommern und der Neumark kämpfte Barnim mit wechselndem Erfolg gegen Schlesien, Polen und Brandenburg.

Dagegen steht sein Name vor allem für innenpolitische Verdienste. Er gilt als der Städtegründer unter den pommerschen Herzögen. Angesichts der von seinem Vetter Wartislaw III. ebenfalls unternommenen Gründungen muss man dieses Attribut allerdings etwas relativieren. Anders als Wartislaw bewidmete Barnim neu gegründete Städte hauptsächlich mit magdeburgschem Recht. Dies weist darauf hin, dass die Siedler eher aus dem binnenländischen Bereich, der Altmark, Börde und dem Harzvorland, kamen. Diese Zweiteilung des Landes hinsichtlich der Herkunft seiner Kolonisatoren hat sich auch auf dem flachen Land über Jahrhunderte in einer unterschiedlichen Siedlungsstruktur manifestiert.

Zu den wichtigsten alleinigen Städtegründungen Barnims gehören Prenzlau (1233), Stettin (1243), Gartz an der Oder (1249), Anklam (zwischen 1243 und 1264), Stargard (zwischen 1243 und 1253), Altdamm (1249/1260), Greifenhagen (1254), Pyritz (1263), Ueckermünde (zwischen 1259 und 1265) und Gollnow (1268). Einige davon wechselten später zum lübischen Recht, wie

Reitersiegel Herzog Barnim I. von 1273 in einer Nachzeichnung des 19. Jahrhunderts

Anklam und Stargard. Von Anfang an mit lübischen Recht wurde 1274 Cammin bewidmet. Ebenso erhielten die von Barnim gemeinsam mit Wartislaw gegründeten Städte Wolgast, Wollin und Stavenhagen allesamt das lübische Recht.

Daneben trat Barnim I. mit der Gründung einer Reihe von kirchlichen Institutionen hervor, wodurch die Kirchenorganisation im Land erheblich gefestigt wurde. Insbesondere fasste im 13. Jahrhundert der Zisterzienserorden verstärkt Fuß, wie die Stiftungen der diesem Orden angehörenden Klöster in Stettin (1243) und Marienfließ (1248) belegen. Im Gebäude einer anderen von Barnim 1261 gestifteten geistlichen Einrichtung, dem Marienstift zu Stettin, ist er nach seinem am 13. oder 14. November 1278 erfolgten Tod auch begraben worden.

Barnim I. war dreimal verheiratet. Aus der ersten Ehe mit der dänischen Prinzessin Marianne gingen zwei Töchter hervor, von denen nur die später mit Heinrich I. von Mecklenburg vermählte Anastasia namentlich bekannt ist, aus der zweiten mit Margarete von Braunschweig-Lüneburg der spätere Herzog Bogislaw IV., und aus der dritten mit Mechthild von Brandenburg die Söhne Otto I. und Barnim II. sowie die Töchter Miroslawa und Beatrix.

Zu den bleibenden Verdiensten Barnim I. gehören einmal der gemeinsam mit seinem Vetter Wartislaw III. betriebene deutschrechtliche Landesausbau, dann aber auch die Wahrung der Einheit Pommerns durch den Vertrag von Hohenlandin 1250.

Bogislaw IV. (um 1258 – 1309) und Otto I. (1279 – 1344)

Bekannt geworden sind die beiden Halbbrüder und Söhne Barnim I. vor allem durch den Vertrag zur ersten Landeshauptteilung Pommerns. Infolge jener am 1. Juli 1295 getroffenen Vereinbarung wurden sie zu Stammvätern der beiden Hauptlinien des Greifenhauses. Bogislaw IV. begründete die Wolgaster Linie, die sich im 14. und 15. Jahrhundert noch weiter verzweigte, schließlich aber die von Otto I. begründete Stettiner Linie beerbte, die 1464 ausstarb.

Bogislaw IV. regierte bereits in den letzten Lebensjahren seines Vaters mit – seine äußere Politik war durch Auseinandersetzungen mit den Markgrafen von Brandenburg gekennzeichnet. Diese rührten nicht zuletzt vom offenbar schlechten Verhältnis zu seiner Stiefmutter Mechthild von Brandenburg her. Mit ihr stritt er zu Beginn seiner Alleinherrschaft um ihre Ansprüche als Witwe. Auf der anderen Seite näherte er sich mehr und mehr an den Rügenfürsten Wizlaw II. an, dessen Tochter Margarete seine zweite Ehefrau wurde. Damit bereitete er die dynastischen Verbindungen zur Erbfolge seines Hauses im Fürstentum Rügen vor, die sein Sohn Wartislaw IV. später tatsächlich erreichte. Bogislaw IV. galt als energischer Herrscher, der seine Ziele mit Tatkraft durchzusetzen versuchte. Wohl deshalb erhielt er den Beinamen »Mit Lief unde Sele«.

Ab 1286 nahmen auch Otto I. und dessen Vollbruder Barnim II. (gest. 1295) an den Regierungsgeschäften teil. Sie drängten auf eine Teilung des Landes, die aber erst nach Barnims Tod (1295) verwirklicht wurde. Der noch im gleichen Jahr geschlossene Teilungsvertrag entstand unter Mitwirkung der Städte und des Adels. Er bewirkte, dass Bogislaw IV. den Küstenstreifen mit den Städten lübischen Rechts, Otto I. jedoch das Land beidseits des Oderunterlaufs mit den Städten magdeburgschen Rechts bekam. Wir

Reitersiegel Herzog Bogislaw IV. von 1278 in einer Nachzeichnung des 19. Jahrhunderts

Reitersiegel Herzog Otto I. von 1302 in einer Nachzeichnung des 19. Jahrhunderts

dürfen im Vorfeld wohl auch ein Streben unterschiedlicher Fraktionen von Adel und Städten nach einer Teilung annehmen. Die Einheit des Landes blieb durch die Gesamthandbelehnung und die gegenseitige Erbfolge sowie durch gemeinsamen Besitz, zum Beispiel am Stettiner Haff, bestehen. Außerdem hatten die Untertanen beiden Herzögen zu huldigen.

Ottos spätere Herrschaft ist durch die Leistungen seines bereits früh mitregierenden Sohnes Barnim III. überschattet. Ihm bleibt, gemeinsam mit Bogislaw, jedoch das Verdienst, mit der Landesteilung von 1295 die politische Landkarte Pommerns für die nächsten anderthalb Jahrhunderte vorgezeichnet und die Weichen für die weitere dynastische Entwicklung des Herzogshauses gestellt zu haben.

Wartislaw IV. (1290 – 1326)

Achtzehnjährig trat der einzige Sohn von Bogislaw IV. aus dessen zweiter Ehe mit Margarete von Rügen 1309 die Nachfolge seines Vaters an, und das in einer politisch unübersichtlichen Zeit. Die Fürsten des südlichen Ostseeraumes schlossen sich gerade unter der Führung des Dänenkönigs Erich VI. Menved gegen die aufstrebenden Hansestädte zusammen. Den Hanseaten gelang es jedoch, den Brandenburger Markgrafen Waldemar auf ihre Seite zu ziehen. Der junge Wolgaster Herzog stand in diesen Auseinandersetzungen meist auf Seiten seines brandenburgischen Lehnsherrn. Wohl nicht zuletzt wegen seiner engen verwandtschaftlichen Beziehungen zum rügischen Fürstenhaus konnte er auch mehrfach vermittelnd eingreifen.

Sein gutes Verhältnis zu Brandenburg und zu den Rügenfürsten sollte sich schließlich in bedeutenden territorialen Gewinnen auszahlen. 1317 erhielt er von Brandenburg die Länder Schlawe und Stolp in Hinterpommern. Damit gelang ihm, worum sein Großvater Barnim I. fast vierzig Jahre lang vergeblich gerungen hatte. Und 1325 starb mit Wizlaw III. der letzte männliche Vertreter des rügischen Fürstenhauses, nachdem sein Sohn Jaromar nur wenige Monate vorher ins Grab gesunken war. Wizlaw hatte den Sohn seiner Schwester, Wartislaw IV., bereits vorher zum Erben bestimmt. Der Pommernherzog konnte im Fürstentum Rügen 1325 unwidersprochen die Herrschaft antreten. Die Städte und der Adel des Fürstentums wählten ihn sogar zu ihrem neuen Fürsten und huldigten ihm. Auch der vertriebene dänische König Christoph und die für den noch unmündigen Waldemar III. eingesetzte Vor-

Reitersiegel Herzog Wartislaw IV. von 1309 in einer Nachzeichnung des 19. Jahrhunderts

mundschaftsregierung erkannten als Lehnsherren der Rügenfürsten Wartislaws Nachfolge an.

Aber unerwartet starb der noch junge Herzog bereits im folgenden Jahr. Er hinterließ zwei unmündige Söhne, und seine Gemahlin Elisabeth von Schlesien war mit einem dritten Sohn schwanger. Dieser wurde am 1. November 1326 geboren und erhielt den bezeichnenden Namen Wartislaw V. Paternoster.

Die pommerschen Chroniken des 16. Jahrhunderts sind des Lobes voll über Wartislaw IV., den sie als einen tüchtigen Kriegsmann, aber auch als geschickten und klugen Herrscher beschreiben. Man könnte natürlich viel darüber fabulieren, was geschehen wäre, wenn er länger gelebt hätte. Höchstwahrscheinlich wäre dem Land wenigstens der gleich nach seinem Tod ausbrechende Rügische Erbfolgekrieg erspart geblieben.

Barnim III. (vor 1300 – 1368)

Von allen pommerschen Herzögen vor Bogislaw X. gilt Barnim III. als der bedeutendste. Bereits ab 1320 beteiligte sich der einzige Sohn des Herzogs Otto I. von Pommern-Stettin an der Regierung.

Der wesentliche Inhalt seiner äußeren Politik war der Kampf um die Reichsunmittelbarkeit Pommerns gegen die Ansprüche Brandenburgs.

Im Jahr von Barnims Regierungsantritt starb der letzte männliche Erbe des brandenburgischen Markgrafengeschlechts der Askanier. Damit boten sich für die pommerschen Herzöge neue Chancen, aber auch neue Unwägbarkeiten, solange die Nachfolge in der Markgrafschaft nicht geklärt war. Politische Schachzüge waren die Unterstellung ihrer Herrschaftsgebiete unter die Lehnshoheit des Camminer Bischofs, die noch 1320 erfolgte, und schließlich 1331 unter die des Papstes. Die päpstliche Lehnshoheit ist im Zusammenhang mit den Bemühungen von Kaiser Ludwig dem Bayern zu sehen, seinem Sohn den Erwerb der brandenburgischen Markgrafenwürde zu ermöglichen. Denn der schärfste Gegner des Kaisers war Papst Johannes XXII.

In direkten militärischen Konflikten mit Brandenburg erwies sich Barnim III. als fähiger Militär. So soll er in der historisch nicht eindeutig belegbaren Schlacht am Kremmer Damm 1332 einen Sieg davongetragen haben. Im zweiten Rügischen Erbfolgekrieg gegen Mecklenburg hatte er entscheidenden Anteil am Sieg der Pommern in der Schlacht auf dem Schoppendamm vor Loitz 1351.

Bereits 1338 erreichten die Stettiner Herzöge die kaiserliche Anerkennung ihrer Reichsunmittelbarkeit durch Ludwig den Bayern. Getrübt wurde der Erfolg der frisch gebackenen Reichsfürsten allerdings durch den Ausschluss der Wolgaster Vettern von dieser Belehnung wie auch dadurch, dass den Markgrafen von Brandenburg im Falle eines Aussterbens der Stettiner Linie die Erbfolge zugesichert wurde. Die 1295 festgeschriebene Einheit von Pommern durch die damals vereinbarte gegenseitige Erbfolge der Wolgaster und Stettiner Herzöge drohte erneut verloren zu gehen. Erst nach weiteren Auseinandersetzungen und der Übernahme der Kaiserthrons durch den Luxemburger Karl IV. gelang der entscheidende Durchbruch. 1348 wurden Barnim III. und seine Wolgaster Vettern Bogislaw V., Barnim IV. und Wartislaw V. gemeinsam zur gesamten Hand belehnt, die Reichsunmittelbarkeit aller pommerschen Teilherrschaften anerkannt und die brandenburgischen Erbansprüche beseitigt.

Reitersiegel Herzog Barnim III. von 1333 in einer Nachzeichnung des 19. Jahrhunderts

Mit Barnim III. verbindet sich auch der Beginn eines dynastisch orientierten Geschichtsbewusstseins in Pommern. Die sollte ihm bei der Abwehr erneuter Begehrlichkeiten des Erzbistums Gnesen helfen, welches die Oberhoheit über das unmittelbar unter dem päpstlichen Stuhl stehende Bistum Cammin beanspruchte. Daneben strich Barnim die Eigenständigkeit Pommerns zur Abweisung einer brandenburgischen Lehnsherrschaft über sein Herzogtum heraus. Zu diesem Zweck förderte er die Verehrung Ottos von Bamberg als Apostel der Pommern. Mit der Gründung des Ottostiftes bei der zu seiner Residenz ausgebauten herzoglichen Burg in Stettin schuf er die fortan wichtigste Grablege der Greifen, in der er auch selbst seine letzte Ruhestätte fand.

Schon bald nach seinem Tod am 24. August 1368 erhielt Barnim III. den Beinamen der »Große«, Seine Devise war »A. D. G. R. U. T.«, was heißt: »Alles Durch Gott, Rat und Tat«. Verheiratet war er mit Agnes aus dem Haus Braunschweig-Grubenhagen, mit der er die Söhne Kasimir III., Swantibor I. und Bogislaw VII. hatte. Diese drei folgten ihm zwar gemeinschaftlich in der Regierung, gerieten aber bald in Streit miteinander. So zersplitterte im Stettiner Herzogtum die Macht ähnlich wie bei den Wolgaster Vettern.

Bogislaw V. (um 1318/19 – Ende 1373 / Anfang 1374)

Wartislaw IV. ältester Sohn übernahm 1326 zusammen mit seinen Brüdern Barnim IV. (1325 – 1365) und dem nachgeborenen Wartislaw V. (1326 – 1390) ein reiches, aber keineswegs gesichertes Erbe. Zwar hatte sein Vater ein Jahr vorher noch ohne Widerspruch die Herrschaft im Fürstentum Rügen antreten können, doch rasch machten nach dessen Tod nun auch andere Prätendenten Nachfolgeansprüche geltend, und alte Zusagen wurden hinfällig. Insbesondere die Fürsten von Mecklenburg erhoben wegen ihrer verwandtschaftlichen Beziehungen zum ausgestorbenen rügischen Fürstenhaus Forderungen auf das Erbe. Die zu Vormündern der Witwe und der minderjährigen Söhne bestellten Stettiner Herzöge konnten wegen ihrer Streitigkeiten mit Brandenburg zunächst keine wirksame Hilfe leisten.

In dieser Situation traten diejenigen auf den Plan, die von den Erbfolgeregelungen besonders betroffen waren, die Städte und der Adel des Fürstentums und des Wolgaster Herzogtums. Die Witwe und Kinder des verstorbenen Herrschers fanden in den Mauern Greifswalds Zuflucht, während die Truppen der Städte den Kampf mit den ins Land eingedrungenen Feinden aufnahmen. Der Frieden von Brudersdorf vom 27. Juni 1328 sicherte schließlich die Erbfolge der Wolgaster Herzöge im Fürstentum Rügen. Lediglich einige Teile des Festlandes, im Einzelnen handelte es sich dabei um die Vogteien Barth, Grimmen und Tribsees, blieben noch eine Zeit im Pfandbesitz von Mecklenburg bzw. Werle. Nach Ablauf der Pfandjahre entbrannte der Krieg an der Frage ihrer Wiedereinlösung zwischen 1351 und 1354 erneut. Bereits mit der Niederlage der Mecklenburger in der Schlacht auf dem Schoppendamm vor Loitz am 25. Oktober 1351 war aber auch dieser Konflikt zugunsten der Wolgaster Herzöge entschieden.

Im Osten gelang 1341 die Wiedereinlösung des 1329 notgedrungen an den Deutschen Orden verpfändeten Landes Stolp.

1348 hatte Bogislaw V. gemeinsam mit seinen Brüdern und dem Stettiner Herzog Barnim III. von Kaiser Karl IV. die Anerkennung als reichsunmittelbare Fürsten und die Belehnung zur gesamten Hand unter Abweisung der brandenburgischen Ansprü-

Reitersiegel Herzog Bogislaw V. von 1342 in einer Nachzeichnung des 19. Jahrhunderts

che erhalten. Die familiären Beziehungen zum luxemburgischen Kaiserhaus festigten sich noch, als Karl IV. 1363 in vierter Ehe Bogislaws Tochter Elisabeth, zugleich Enkelin des polnischen Königs, heiratete. Aus dieser Ehe ging der spätere Kaiser Sigismund hervor.

Somit schien die Stellung des Wolgaster Herzogtums gefestigt, aber in den letzten Jahren seiner Herrschaft musste Bogislaw V. auf Druck seiner Neffen einer erneuten Teilung der Herrschaft zustimmen. Diese erfolgte 1368 zunächst vorläufig und dann 1372 endgültig. Die jungen Herren (Wartislaw VI. und Bogislaw VI.) erhielten die vorpommerschen Anteile einschließlich des Fürstentums Rügen bis zur Swine, Bogislaw V. behielt den hinterpommerschen Anteil mit der Insel Wollin. Sein jüngster Bruder Wartislaw V. scheint resigniert zu haben und wurde wahrscheinlich mit einer Apanage im Gebiet um Neustettin abgefunden.

Nur kurze Zeit später starb Bogislaw V., zwischen dem 16. Oktober 1373 und 24. April 1374, und wurde er im Kloster Belbuck bei Treptow an der Rega begraben. Aus seiner ersten Ehe mit der polnischen Prinzessin Elisabeth ging neben einer gleichnamigen Tochter auch ein Sohn hervor, Kasimir IV., der bereits 1377 in polnischen Kriegsdiensten ums Leben kam. Aus der zweiten Ehe mit Adelheid von Braunschweig-Grubenhagen entsprossen eine Tochter sowie die Söhne Wartislaw VII., Bogislaw VIII. und Barnim V.

Swantibor I. (1351 – 1413)

Swantibor I., der zweitälteste der überlebenden Söhne Barnim III. und Agnes' von Braunschweig, wird in älteren Genealogien und Darstellungen auch mit der Ordnungszahl III versehen. Das beruht darauf, dass man einst die Nachkommen des Wartislaw Swantiboriz, der 1187 die Vormundschaft für die Söhne Bogislaw I. geführt hatte, mit zu den Greifen rechnete. Davon ist man heute abgekommen, weil die genealogische Zuordnung des Wartislaw Swantiboriz und seiner Nachkommen doch recht unsicher ist.

In den ersten Jahren nach dem Tod des Vaters (1368) herrschte Swantibor I. gemeinsam mit seinem älteren Bruder Kasimir III. in Stettin, wobei der Familientradition nach der älteste Bruder eine Vorrangstellung, das Seniorat, innehatte. Kasimir starb bereits 1372 und Swantibor übernahm das Seniorat, sein jüngerer Bruder Bogislaw VII. rückte als Mitherrscher nach. Nach außen war ihre Politik vornehmlich durch die Beziehungen zu Brandenburg, aber auch durch die Teilnahme an den Auseinandersetzungen zwischen Polen und dem Deutschen Orden bestimmt. Hinzu kam bei Swantibor I. ein besonderes persönliches Verhältnis zu Wenzel und Sigismund, zwei Söhnen Kaiser Karl IV.

In Bezug auf Brandenburg sollte nach der Belehnung durch Karl IV. von 1348 eigentlich alles geklärt sein, doch Anlass zu weiteren Streitigkeiten gab es trotzdem genug. Der wichtigste waren die seit 1354 bestehenden pommerschen Pfandbesitzungen in der Uckermark, die von Swantibor über seine gesamte Herrschaftszeit hinweg gehalten werden konnten. Sein persönliches Verhältnis zu Brandenburg änderte sich in dieser Zeit mehrfach. Zwischen 1388 und 1399 hatte er Kämpfe mit dem Markgrafen Jobst von Mähren, der als Verwalter der Mark Brandenburg eingesetzt war, zu bestehen. 1409 übertrug Jobst dann Swantibor die Statthalterschaft in der Mittelmark. Doch diese Konstruktion war schon zwei Jahre

Herzog Swantibor I. mit seiner Gemahlin Anna, hier fälschlich als von Henneberg bezeichnet, auf dem Stammbaum Philipp I. aus der Mitte des 16. Jahrhunderts

später hinfällig, als der Hohenzoller Burggraf Friedrich VI. von Nürnberg von König Sigismund zum obersten Verweser Brandenburgs bestellt wurde. Friedrich bemühte sich sofort um die Rückgabe der an Pommern verpfändeten Teile der Uckermark, was ihn in scharfen Gegensatz zu Swantibor I. brachte. 1412 kam es am Kremmer Damm zu einem Gefecht zwischen Pommern und den Truppen des Hohenzollern. Obwohl dieses keine wirklich kriegsentscheidende Bedeutung hatte, schmückte es die spätere sagenhafte Überlieferung zu einem wahren militärischen Triumph der Pommern aus. Tatsache ist aber, dass sich letztlich die Stettiner Herzöge mehr und mehr in die Defensive brachten und 1415 im Frieden von Eberswalde den Status quo anerkennen mussten.

Bereits 1388 war Swantibor I. gemeinsam mit seinem Bruder in die Dienste des Deutschen Ordens getreten. Weil er das Ziel verfolgte, seinen Sohn Otto II. zum Erzbischof von Riga wählen zu lassen, geriet er zeitweilig mit dem Orden in Streit. In der entscheidenden Schlacht von Tannenberg 1410 kämpfte Swantibors Sohn Kasimir V. auf Seiten des Ordens und geriet kurzzeitig in polnische Gefangenschaft. Die dabei erkämpfte Fahne mit dem roten Stettiner Greifen wurde als Kriegsbeute auf der Krakauer Königsresidenz, dem Wawel, verwahrt.

Die geschilderten außenpolitischen Aktivitäten kosteten sehr viel Geld, das sich der Herzog zu großen Teilen von den Städten lieh. Diese erwarben im Gegenzug neue Privilegien. Stettin als die größte Stadt in Swantibors Herrschaftsbereich erhielt unter anderem pfandweise den herzoglichen Anteil am Stadtgericht, die freie Fischerei auf dem Haff, ein erweitertes Münzprivileg und das Recht der freien Bergung von gestrandeten Schiffen ihrer Bürger.

1374 heiratete Swantibor die Tochter des Burggrafen Albrecht von Nürnberg, was seine starke Einbindung in das Reich nochmals unterstrich. Der Ehe entsprossen Otto II., der jung verstorbene Albrecht, Kasimir V. sowie die Tochter Margaretha. Swantibor I. starb mitten in den Auseinandersetzungen mit Friedrich von Hohenzollern am 21. Juni 1413 und wurde im Kloster Kolbatz beigesetzt. Seine Gemahlin Anna ist wahrscheinlich im selben Jahr verstorben.

Barnim VI. (um 1365 – 1405)

Dieser Sohn Wartislaw VI. und Enkel Barnim IV., der einen Teil Vorpommerns beherrschte, war einer der vielen unbedeutenden Herzöge, die ab ca. 1370 für mehrere Jahrzehnte das Greifenhaus dominierten. Eigentlich wäre er kaum erwähnenswert, würde von ihm nicht ein Grabmal in der Kirche von Kenz bei Barth existieren, das als früheste authentische Darstellung eines pommerschen Herzogs gelten kann. Zudem war er der Vater von Wartislaw IX., mit dem im zweiten Viertel des 15. Jahrhunderts der Wiederaufstieg der Greifen begann.

Von seinem eigenen Wirken ist fast nichts zu berichten. Im Ostseeraum beherrschten seit den 1360er-Jahren die Auseinandersetzungen zwischen den mächtig gewordenen Hansestädten, den nordischen Königreichen, insbesondere Dänemark, und dem Deutschen Orden das Geschehen. Zeitweise spielte auch Pommerns westlicher Nachbar Mecklenburg hierbei eine eigene Rolle. Der Anteil Barnim VI. an diesen Kriegen beschränkte sich bestenfalls auf die Beherbergung von Piraten bzw. eigenständige Piraterie. 1398 musste er sich gemeinsam mit seinem Bruder Wartis-

Sandsteinepitaph mit Brustbild Herzog Barnim VI. in der Kirche von Kenz bei Barth, 1603

law VIII. gegenüber den Hansestädten verpflichten, die Piraten nicht mehr zu unterstützen. Als sie das Versprechen brachen, konnte nur durch Vermittlung Dänemarks noch einmal ein Ausgleich wiederhergestellt werden.

Als Barnim 1405 an der im Lande grassierenden Pest erkrankte, suchte er Heilung bei dem in Kenz befindlichen Gesundbrunnen. Auf dem Weg dorthin verstarb er jedoch und wurde in der Kenzer Kirche beigesetzt. Dass sein Grabmal erhalten blieb, verdanken wir wohl auch Herzog Philipp II. Er ließ zu Beginn des 17. Jahrhunderts Kirche und Grabmal zum Andenken an seinen Vorfahren restaurieren. Es ist deshalb in der Kunstgeschichte umstritten, ob es sich wirklich um ein Original aus dem Anfang des 15. Jahrhunderts oder eine zweihundert Jahre jüngere Nachbildung handelt.

Als Kinder Barnims aus seiner Ehe mit Veronika, die einem nicht eindeutig bestimmbarem Geschlecht entstammte, sind nur Wartislaw IX. und Barnim VII. bekannt. Die Inschrift am Grabmal in der Kenzer Kirche mit der Angabe, Veronika sei eine Tochter des Nürnberger Burggrafen Friedrich, also aus dem Haus Hohenzollern, ist in dieser Hinsicht nicht zuverlässig.

Erich I. (1381/82 – 1459)

Er ist zweifellos der überregional bekannteste Vertreter des Greifenhauses, was daran liegt, dass der eigentlich auf den Namen Bogislaw getaufte Sohn Wartislaw VII. und Marias von Mecklenburg als Erich von Pommern für mehrere Jahrzehnte die Geschicke der Königreiche Dänemark, Norwegen und Schweden maßgeblich gestaltete. Das Herrschaftsgebiet seines Vaters war das nach der Teilung von 1372 entstandene Pommern-Stolp, also das hinterpommersche Gebiet von Pommern-Wolgast. Diese Herrschaft musste sich Wartislaw VII. zudem noch mit seinen Brüdern Bogislaw VIII. und Barnim V. teilen, nachdem sich die Hoffnungen Bogislaw VIII. auf den Camminer Bischofsstuhl nicht erfüllt hatten.

Dass Erich bzw. Bogislaw eine solche »Karriere« machen konnte, hing mit den dynastischen Wechselfällen im dänischen Königshaus zusammen. König Waldemar IV. Atterdag starb 1375 ohne einen direkten männlichen Erben. Nachfolger sollte zunächst sein Enkel, der norwegische Thronfolger Olav, Sohn seiner Tochter Margarete, werden. Aber auch der starb, bevor er volljährig wurde. Seine Mutter übernahm daraufhin die Regentschaft in Dänemark. In Norwegen herrschte sie seit Olavs Tod 1387 als Königin. Aber es wurde notwendig, dass sie einen Nachfolger bestimmte. Ihre Wahl fiel auf den Großneffen aus dem Greifenhaus. Margaretes Schwester Ingeborg war nämlich die Großmutter mütterlicherseits von Bogislaw bzw. Erich.

Es ist unklar, ob der pommersche Herzogssohn gleich nach seiner Wahl zu seiner Großtante nach Dänemark zog. Als Thronfolger in Norwegen wurde ihm unter dem Namen Erich (III.) 1389 gehuldigt. Kurz darauf folgten wohl auch Dänemark und Schwe-

Erich von Pommern mit seiner Gemahlin Philippa von England, hier fälschlich als von Portugal bezeichnet, auf dem Stammbaum Philipp I. aus der Mitte des 16. Jahrhunderts

den, von wo Margarete nach der Schlacht von Fallköping am 24. Februar 1389 den ungeliebten König Albrecht von Mecklenburg vertrieben hatte und bereits im Jahr zuvor als Regentin anerkannt worden war. Die Erhebung zum König in den drei skandinavischen Reichen erfolgte jedoch erst 1397, was vermutlich mit dem Erreichen der Volljährigkeit zu tun hatte. Im Jahr darauf verbanden sich Dänemark, Norwegen und Schweden in der Kalmarer Union. Ein Großreich war im Entstehen, was in dieser Zeit keinesfalls ungewöhnlich war, wie es der Blick auf die gleichzeitige Union von Polen und Litauen oder die Vereinigung Böhmens mit Ungarn unter König Sigismund verdeutlicht.

Bis zu ihrem Tod 1412 behielt Margarete die Zügel der Regierung fest in der Hand. Sie arrangierte auch die 1406 erfolgte Heirat Erichs mit der englischen Prinzessin Philippa, nachdem sie zuvor eine Verbindung mit einer französischen Königstochter angestrebt hatte. Nach Margaretes Tod bewies Erich jedoch, dass er selbständig regieren konnte. Er war bestrebt, die innere Entwicklung seiner Königreiche, namentlich Schwedens, durch Reformen voranzutreiben, baute einen für seine Zeit mustergültigen Verwaltungsapparat auf und strebte außenpolitisch nach einer Vergrößerung seines Machtbereiches. Letzteres versuchte er vornehmlich durch an eine Annäherung an Polen-Litauen. Er geriet aber zunehmend in Interessenkonflikte mit inneren und äußeren Gegnern. In Schweden kam es zu einer Erhebung unter Engelbrecht Engelbrechtson, die Erich schließlich die schwedische Krone kostete. Mit den Hansestädten geriet er wegen der Einführung des Sundzolls in Auseinandersetzungen. Aber zum schwierigsten Konflikt, der ihn letztendlich zum Thronverzicht in allen seinen Reichen zwang, entwickelte sich der Kampf mit dem Grafen von Holstein um das Herzogtum Schleswig, das er seinem Reich vollständig einverleiben wollte.

Da seine Ehe kinderlos blieb, musste er sich um einen Nachfolger kümmern. 1416 fiel seine Wahl mit Bogislaw IX. wiederum auf einen Vertreter des Greifengeschlechts. Doch 1438 lehnte der dänische Reichsrat die Wahl Bogislaws zum Thronfolger endgültig ab.

Zwischen 1439 und 1441 verlor Erich nacheinander die Kronen von Schweden, Dänemark und Norwegen. Er hatte sich bereits 1438 auf die Insel Gotland zurückgezogen, von wo aus er bis 1449 einen Kaperkrieg auf der Ostsee führte. Die letzten zehn Jahre verbrachte er in seinem Stammland, dem Herzogtum Pommern-Stolp, und residierte in Rügenwalde. Noch vor seinem wahrscheinlich am 3. Mai 1459 erfolgten Tod einigte er sich mit seinem Namensvetter Erich II. über die Herrschaft in Pommern-Stolp.

Bogislaw IX. (zwischen 1407 und 1410 – 1446)

Bogislaw IX. war einer jener zahlreichen unbedeutenden pommerschen Herzöge der ersten Hälfte des 15. Jahrhunderts. Dabei schien es zeitweise, als ob er ein noch größeres Reich als sein Vetter Erich von Pommern beherrschen würde. Als Sohn von Bogislaw VIII. erbte er zunächst dessen Anteil am hinterpommerschen Herzogtum Stolp. Und er führte genauso wie sein Vater die Regentschaft für den Anteil seines Vetters, des nordischen Unionskönigs Erich von Pommern. Vom Vater erbte Bogislaw IX. jedoch auch den Camminer Bistumsstreit. Dabei ging es Prinzip um die Frage der Reichsunmittelbarkeit des Stifts und die Schirmvogtei

Herzog Bogislaw IX. mit seiner Gemahlin Maria von Masowien auf dem Stammbaum Philipp I. aus der Mitte des 16. Jahrhunderts

der pommerschen Herzöge über das Bistum. Die bis vor das Konzil von Konstanz getragenen Streitigkeiten konnten schließlich zugunsten der pommerschen Herzöge entschieden werden. Sie behielten die Schirmvogtei und damit ein gewichtiges Mitspracherecht im Bistum, das auch nicht die Reichunmittelbarkeit erlangen konnte.

Noch zu Lebzeiten des Vaters (gest. 1418) wurde Bogislaw IX. zu Höherem auserkoren. Sein Vetter Erich von Pommern musste sich nach einem geeigneten Nachfolger umsehen, weil seine eigene Ehe kinderlos blieb. Erichs Wahl fiel 1416 auf den Sohn seines Onkels, der auch seinen Anteil am Herzogtum Pommern-Stolp mit verwaltete. Seine Pläne mit dem jungen Vettern gingen aber noch weiter. Durch eine Heirat mit einer polnischen Prinzessin gedachte der König der vereinigten drei nordischen Königreiche diese mit Polen-Litauen zu verbinden und ein gewaltiges

Ostseeimperium mit einem pommerschen Herzogssohn an der Spitze zu schaffen. Doch der Verbindung mit Polen stellte sich vor allem Brandenburg erfolgreich entgegen. Und die Nachfolge Bogislaw IX. als König der Kalmarer Union scheiterte an der Ablehnung des dänischen Reichsrates 1438. Bogislaw IX., der bis dahin viele Jahre im Gefolge Erichs von Pommern in dessen Reichen verbracht hatte, kehrte in seine Heimat zurück.

Nach dem Scheitern der polnischen Heiratspläne ehelichte Bogislaw IX. 1432 oder 1433 Maria von Masowien. Aus dieser Ehe gingen die beiden Töchter Sophia und Alexandra hervor. Am 7. Dezember 1446 starb Bogislaw IX. nach längerer Krankheit. Die Herrschaft in Pommern-Stolp führte zunächst sein Vetter Erich von Pommern weiter.

Wartislaw IX. (1400 – 1457)

Wie viele andere Fürstensöhne stand auch der älteste Sohn Barnim VI. nach dessen frühen Tod (1405) unter Vormundschaft. Als sein Onkel und Vormund Wartislaw VIII. 1415 selbst starb, folgten turbulente Jahre, weil der junge Herzog noch nicht volljährig war. Ein Regentschaftsrat der Landstände übernahm gemeinsam mit Agnes von Sachsen-Lauenburg, der Witwe Wartislaw VIII., die Herrschaft für Wartislaw IX. und seinen jüngeren Bruder Barnim VII. sowie die ebenfalls noch unmündigen Söhne Wartislaw VIII.

Kurt Bonow, der Günstling der Herzoginwitwe Agnes, wurde 1419 durch den Landmarschall Degener Buggenhagen erschlagen. Buggenhagen wiederum wurde, wahrscheinlich auf Anstiften der Herzoginwitwe, 1420 vor den Augen Wartislaw IX. an dessen eigener Tafel von Henneke Behr getötet. Daraus erwuchs eine Fehde zwischen der auf Buggenhagens Seite stehenden Stadt Stralsund mit ihren Verbündeten und dem Anhang des von den Stralsundern verfolgten und schließlich auch getöteten Henneke Behr, die das Land geradezu in ein Chaos stürzte.

Ein Jahr später einigte sich der junge Herzog, der inzwischen selbständig regierte, mit den Ständen des Landes über die Ein-

Herzog Wartislaw IX. am Rubenowdenkmal vor dem Hauptgebäude der Ernst-Moritz-Arndt Universität Greifswald von 1856

richtung von Gerichtshöfen, den sogenannten Quatembergerichten, die regelmäßig viermal jährlich tagen und je zur Hälfte mit Vertretern des Adels und der Städte Stralsund, Greifswald, Anklam und Demmin besetzt werden sollten. Der gewachsene Einfluss dieser vier Städte auf die Geschicke des Landes kam auch dadurch zum Ausdruck, dass Wartislaw IX. ihnen 1452 im sogenannten goldenen Privilegium alle ihre Rechte bestätigte.

1425 teilte er sich das Herzogtum Pommern-Wolgast im engeren Sinne, also den vorpommerschen Teil, mit seinem Bruder und den beiden Söhnen von Wartislaw VIII. Dadurch entstanden kaum noch lebensfähige Zwergfürstentümer, zumal diese Söhne, Barnim VIII. und Swantibor II., ihren Anteil nochmals teilten. Erst 1451 konnte Wartislaw IX. nach dem Tod seines Bruders Barnim VII. und seines Vetters Barnim VIII. das gesamte vorpommersche Land nördlich der Peene unter seine Herrschaft bringen. Südlich der Peene besaßen die Wolgaster Herzöge seit 1359 Pasewalk und die Schlösser Alt- und Neu-Torgelow als Pfand. Um diese entspann sich ab 1444 ein erneuter Kampf mit Brandenburg. Dort hatten 1411 bzw. 1417 die Hohenzollern die Markgrafen- und Kurfürstenwürde erlangt und ließen die alten brandenburgischen Herrschaftsansprüche gegenüber Pommern wieder aufleben. Der Frieden vom 3. Mai 1448 beließ Pasewalk bei Pommern, wogegen die Uckermark fast völlig an Brandenburg verloren ging.

Zum Ende seiner Regierungszeit geriet Wartislaw IX. in Konflikt mit Stralsund, der mächtigsten Stadt seines Herrschaftsbereiches. Diese hatte schwere Anklagen gegen den Herzog erhoben und seinen Landvogt von Rügen, Raven Barnekow, hingerichtet. In der folgenden Fehde wurde der bis dahin maßgeblich wirkende Bürgermeister Otto Voge vertrieben. Ein neuer Rat schloss Frieden mit Wartislaw IX. und unterstützte ihn in dessen Krieg mit Mecklenburg. Die Fehde der adligen Familie Barnekow mit Stralsund wurde dagegen erst unter Wartislaws Söhnen beigelegt.

Einen bleibenden Verdienst hat sich Wartislaw IX. mit seiner tatkräftigen Unterstützung bei der Gründung und Erstausstattung der Greifswalder Universität 1456 erworben. Mit dem Greifswalder Bürgermeister Heinrich Rubenow, dem ersten Rektor der neuen hohen Schule, verband ihn anscheinend ein freundschaftliches Verhältnis. Bereits ein halbes Jahr nach der Universitätsgründung starb ihr wohlwollender herzoglicher Förderer am 17. April 1457. Aus seiner Ehe mit Sophia von Sachsen-Lauenburg gingen die Tochter Elisabeth, die später Äbtissin des Nonnenklosters Bergen auf Rügen wurde, sowie drei Söhne hervor. Christoph starb anscheinend schon in jungen Jahren. Wartislaw X. folgte in der vorpommerschen Herrschaft und Erich II. konnte sich wegen seiner Heirat mit der Alleinerbin Sophia, Tochter Bogislaw IX. von Pommern-Stolp, gute Hoffnungen auf die Übernahme der dortigen Herrschaft machen.

Otto III. (1444 – 1464)

Über Otto III. gäbe es nicht zuletzt wegen seines frühen Todes kaum etwas zu berichten, wären mit ihm nicht die Stettiner Herzöge als eine der beiden 1295 entstandenen Hauptlinien des Greifenhauses ausgestorben. Und auch das wäre vielleicht nicht einmal mehr eine Fußnote wert, hätte die Nachfolge der Wolgaster Herzöge als der nächsten Verwandten unwidersprochen stattgefunden. Doch die Geschichte wollte es anders.

Nach langen Kämpfen schien 1348 alles geklärt zu sein. Sämtliche damaligen pommerschen Herzöge wurden von Kaiser Karl IV. zur gesamten Hand mit ihren Herrschaften belehnt – unter Abweisung der bisherigen brandenburgischen Ansprüche. Das hieß, sollte eine Linie aussterben, würde die andere sie beerben und ihre Nachfolge antreten. Aber kaum war Burggraf Friedrich von Nürnberg aus dem Geschlecht der Hohenzollern 1411 zum Hauptmann und Verweser der Markgrafschaft Brandenburg ernannt, da holte er die alten, längst vergessen geglaubten Ansprüche Brandenburgs wieder hervor. Anfangs forderte er nur die von den Stettiner Herzögen seit 1354 pfandweise besessenen Anteile der Uckermark, aber allmählich erwuchs daraus ein grundsätzlicherer Konflikt um eine behauptete Oberherrschaft Brandenburgs. Die Ansprüche der Hohenzollern konzentrierten sich dabei allein auf Pommern-Stettin. Krieg und Frieden lösten sich in den folgenden Jahrzehnten immer wieder ab.

Otto III. entstammte einer Ehe, die eine Phase gutnachbarschaftlicher Verbindungen zwischen Pommern-Stettin und Brandenburg dokumentiert. Sein Vater Joachim der Jüngere hatte 1440 Elisabeth von Hohenzollern, die Tochter des Markgrafen Johann, geheiratet. Aber bereits in Ottos Geburtsjahr brachen die Feindseligkeiten erneut aus. 1448 konnten diese für Pommern alles in allem recht glimpflich beendet werden. Als drei Jahre später Ottos Vater Joachim der Jüngere starb, übernahm Kurfürst Friedrich von Brandenburg als Verwandter mütterlicherseits die Vormundschaft. Die Mutter heiratete 1454 in zweiter Ehe Wartislaw X. von Pommern-Wolgast, mit dem sie zwei Söhne hatte. 1460 wurde Otto III. für mündig erklärt und kehrte nach Stettin zurück. Doch bereits 1464 starb er – wie auch seine beiden Halbbrüder Swantibor und Ertmar, die Söhne von Wartislaw X. waren – noch unverheiratet während einer im Lande grassierenden Seuche.

Herzog Otto III. auf dem Stammbaum Philipp I. aus der Mitte des 16. Jahrhunderts

Bei der Beisetzung soll es der Sage nach zu einem Streit zwischen dem brandenburgisch gesinnten Stettiner Bürgermeister Albrecht Glinden und einem Adligen aus dem Geschlecht derer von Eickstedt gekommen sein. Während Glinden den Schild der Stettiner Herzöge mit in die Grube warf und damit die Herrschaft für erloschen erklärte, holte der von Eickstedt ihn wieder mit der

Bemerkung heraus, dass die Herzöge von Pommern-Wolgast ja noch am Leben und somit die Nachfolger wären. Keine Sage ist es allerdings, dass Ottos Mutter Elisabeth beim Ausbruch des Stettiner Erbfolgekrieges ihren zweiten Gatten Wartislaw X. verließ und zu ihren brandenburgischen Verwandten floh. Diesen bot sich dadurch ein zusätzlicher Angriffspunkt, was sie auch sofort nutzten: Sie beschuldigten Wartislaw X. der unwürdigen Behandlung seiner Gemahlin.

Erich II. (um 1425 – 1474)

Der älteste Sohn von Wartislaw IX. folgte 1457 zusammen mit seinem Bruder Wartislaw X. in der Herrschaft von Pommern-Wolgast im engeren Sinne. Aber es waren bereits die Weichen für die Übernahme der Herrschaft im hinterpommerschen Pommern-Stolp gestellt. Dort war 1446 Bogislaw IX. gestorben, und er hatte lediglich zwei Töchter hinterlassen. Die Herrschaft hatte zunächst Erich von Pommern übernommen, der 1449 endgültig von Gotland in seine Heimat zurückgekehrt war. Er nahm eine Tochter des Verstorbenen, Sophia, bei sich in Rügenwalde auf. 1451 vermählte er sie mit Erich II. und nach anfänglichen Streitigkeiten um die Verteilung der Herrschaft einigten sich die beiden Eriche 1457 insofern, als dass Erich I. (Erich der Pommer) Erbherr des Landes blieb und Erich II. mit einigen Einkünften abgefunden wurde. Nach dem Tod Erich I. im zeitigen Frühjahr 1459 übernahm Erich II. noch im selben Jahr die Herrschaft in Pommern-Stolp. Den westlichen Teil des Landes um Stargard musste er dem Stettiner Herzog Otto III. überlassen. Wartislaw X. erhielt die Alleinherrschaft in Pommern-Wolgast.

Außenpolitisch orientierte sich Erich II. wie schon seine Vorgänger in der Herrschaft Pommern-Stolp stark an Polen. Im 1454 erneut ausbrechenden Krieg Polens mit dem Deutschen Orden schloss er sich dem polnischen König an. 1455 bekam er die bislang dem Orden gehörenden Länder Lauenburg und Bütow zunächst zur treuhänderischen Verwaltung. Im Thorner Frieden von 1466 erhielt Erich II. beide Länder als Pfand und konnte somit

Herzog Erich II., Ölgemälde von C. Schleyer um 1650 nach einer verlorenen Vorlage im Anklamer Rathaus

seine Gebietsverluste im westlichen Hinterpommern ausgleichen. Zu dieser Zeit war er jedoch zusammen mit seinem Bruder bereits in eine neue langwierige Auseinandersetzung mit Brandenburg verwickelt. 1464 war mit Otto III. der letzte männliche Spross der Stettiner Greifenlinie gestorben. Sofort erhob der Kurfürst von Brandenburg Ansprüche auf das Land. Erich II. erlebte von dem nun ausbrechenden Stettiner Erbfolgekrieg nur die erste Phase bis zum demütigenden Frieden von Prenzlau (31. Mai 1472). Gemeinsam mit Wartislaw X. musste er seine sämtlichen Herrschaften, nicht nur Pommern-Stettin, von Brandenburg zu Lehen nehmen.

Bevor dieser unsichere Frieden erneut gebrochen und wieder zu den Waffen gegriffen wurde, erlag Erich II. am 5. Juli 1474 in Wolgast der gerade im Lande grassierenden Pest. Wohl ins Reich der Sage gehört der Hass, mit dem seine Gemahlin Sophia ihn verfolgte. Immerhin entsprossen ihrer Ehe neun Kinder, vier Söhne und fünf Töchter. Von den Söhnen überlebten allerdings nur Bogislaw X. und Wartislaw den Vater, und auch Wartislaw starb bereits 1475. Von Erichs Töchtern gingen Elisabeth und Maria ins

Kloster, Sophia und Margaretha heirateten die beiden Brüder und Herzöge von Mecklenburg, Magnus II. und Balthasar, und Katharina ehelichte Heinrich I. von Braunschweig-Lüneburg, Wolfenbütteler Linie.

Bogislaw X. (1454–1523)

Der älteste Sohn Erich II. und Sophias von Pommern gilt in der Geschichtsschreibung gemeinhin als der bedeutendste Herzog des Greifengeschlechts und Schöpfer eines modernen Staatswesens. Dabei spielten sicherlich sein vergleichsweise hohes Lebensalter und die daraus resultierende lange Regierungszeit eine begünstigende Rolle, ebenso wie der Umstand, dass Bogislaw als erster Herzog nach über 170 Jahren alle pommerschen Teilfürstentümer wieder in einer Hand vereinigte. Will man den gleich nach Bogislaws Tod reichlich zu sprießen beginnenden Sagen und Legenden Glauben schenken, sah es anfangs nicht danach aus, dass er einst solchen Ruhm erwerben würde. Vernachlässigt von seinen Eltern, die im gegenseitigen Hass miteinander haderten, soll er von einem einfachen Bauern namens Hans Lange aus Latzig bei Rügenwalde erzogen worden sein.

Tatsächlich ist von der Kindheit und Jugend des am 3. Juni 1454 geborenen Bogislaw nur wenig bekannt. Mit zehn Jahren wurde er das erste Mal mit einer mecklenburgischen Prinzessin verlobt, die aber kurz darauf starb. Ab 1466 war er für mehrere Jahre am Hof des polnischen Königs Kasimir IV., eines Verwandten seiner Mutter. Dort erzog ihn wahrscheinlich zusammen mit den polnischen Prinzen der Gelehrte Johannes Długosz. Nach Pommern zurückgekehrt, nahm er offensichtlich bereits vor dem Tod seines Vaters an den Regierungsgeschäften teil.

Im Herbst 1474 begann seine selbständige Regierungszeit. Rasch wurde Bogislaw mit jenem außenpolitischen Problem konfrontiert, das ihn zeit seines Lebens beschäftigen würde. Der Kurfürst von Brandenburg verlangte für die Herrschaft im Herzogtum Stettin seine Huldigung, so wie es im Vertrag von Prenzlau 1472 vereinbart worden war. Aber Bogislaw weigerte sich hartnäckig.

Herzog Bogislaw X., Kupferstich des 19. Jahrhunderts nach Porträts seiner Zeit

Erst nach Kämpfen mit den Brandenburgern und dem Tod seines Onkels Wartislaw X. 1478, der Bogislaw die Alleinherrschaft in Pommern ermöglichte, erkannte er 1479 – wiederum in Prenzlau – die 1472 getroffenen Vereinbarungen an. Mit dem Vertrag von Pyritz konnten dann 1493 einige wichtige Änderungen durchgesetzt werden, denn Brandenburg verzichtete nun auf seine Lehnshoheit und behielt sich lediglich die Eventualsukzession für den Fall vor, dass die Greifen im Mannesstamm aussterben würden. Das Verhältnis Pommerns zum Reich blieb im Vertrag allerdings ausgespart, so dass hier ein Rest an Konfliktpotenzial blieb, das später noch einmal zum Tragen kommen sollte.

Bereits 1477 hatte Bogislaw Margarethe von Brandenburg, die Tochter des Kurfürsten Friedrich II. von Brandenburg, geheiratet. Anders als sein Onkel Wartislaw X. setzte Bogislaw im Dauerkonflikt mit den Brandenburgern nicht nur auf Waffengewalt und zeigte sich insgesamt diplomatisch geschickter. Doch die Ehe mit der Brandenburgerin blieb kinderlos. Damit kehrten sich Bogislaws ursprüngliche Erwartungen geradezu ins Gegenteil. Denn statt einer Annäherung an Brandenburg und einer Sicherung der eigenen Dynastie wuchsen jetzt die Hoffnungen der Hohenzollern auf die gänzliche Übernahme Pommerns nach Bogislaws Tod. Doch Margarethe starb 1489, und der Weg zu einer zweiten Ehe war frei. Die Herzogin soll nicht zuletzt wegen der schlechten Behandlung durch ihren Gatten so frühzeitig verstorben sein; aber vielleicht geht diese Überlieferung nur auf böswillige hohenzollerische Propaganda zurück. Jedenfalls suchte und fand Bogislaw X. sein Glück am polnischen Königshof, dem alten Verbündeten im Kampf gegen die Brandenburger. 1491 ehelichte er die damals noch keine fünfzehn Jahre alte Anna von Polen, die ihm bereits 1492 eine Tochter und im Jahr darauf den lang ersehnten Thronfolger gebar. Bis zu ihrem frühen Tod im Alter von gerade 27 Jahren 1503 hatte sie mindestens acht Kindern das Leben geschenkt. Wie ein erhaltenes Liebesgedicht Bogislaws und die Erzählungen der Chronisten ausdrücklich belegen, müssen die beiden sich geliebt haben, was in fürstlichen Ehen keinesfalls der Normalfall war.

Anders als seine Vorgänger strebte Bogislaw im Kampf gegen Brandenburg weniger nach der Unabhängigkeit Pommerns, sondern erkannte die Zeichen der Zeit und suchte die Anerkennung als Reichsfürst. In diesem Zusammenhang ist wohl auch seine Pilgerfahrt nach Jerusalem in den Jahren 1496 bis 1498 zu sehen. Er nutzte sie zur direkten Kontaktaufnahme mit König Maximilian I., anderen Reichsfürsten und dem Papst. Dies alles dürfte sicher zum größten Ärger der Brandenburger geschehen sein. Zwar verlieh der König noch nicht die ersehnte Reichsstandschaft, aber die erworbenen Rechte und Privilegien festigten Bogislaws landesherrliche Stellung.

Diese nutzte der Herzog zur Fortführung seiner bereits begonnenen inneren Reformen. Hier hat er sicher vieles geleistet, doch scheinen die ihn lobpreisenden Chronisten des 16. Jahrhunderts, allen voran Thomas Kantzow, auch manches zu übertreiben. Die Wende vom 15. zum 16. Jahrhundert war zweifellos eine Zeit großer Umwälzungen, in der sich der mittelalterliche Lehnsverband zum frühneuzeitlichen Territorialstaat entwickelte. Dem konnte sich auch Pommern nicht verschließen, und Bogislaw X. hat ähnlich wie sein Nachbar und Schwager, Magnus II. von Mecklenburg, tatkräftig an der Schaffung neuer Strukturen mitgewirkt. Kernstück aller Reformen waren die Verbesserung der Finanzverwaltung und die Rezeption des römischen Rechts. Ersteres lässt sich vor allem an den regelmäßiger erhobenen und teilweise neu eingeführten Steuern sowie der besseren Aufsicht über die herzoglichen Güter erkennen. Teil der Rezeption des römischen Rechts war die schärfere Handhabung des Lehnsrechts, erkennbar an der jetzt für alle Lehnsträger verbindlich werdenden Ausstellung von Lehnsbriefen.

Vieles hat Bogislaw jedoch nur begonnen. Es sollte seinen Nachfolgern, von denen sein ältester Sohn Georg bereits in seinen letzten Lebensjahren mitregierte, vorbehalten bleiben, hier einen Abschluss herbeizuführen. Dazu zählte die Frage der Reichsstandschaft ebenso wie eine eindeutige Stellungnahme zu den zunehmend auch Pommern berührenden sozialen und religiösen Bewegungen im Innern. Am 5. Oktober 1523 starb Bogislaw in dem immer mehr zur festen Residenz gewordenen Stettiner Schloss und wurde am 11. Oktober wie schon viele seiner Vorfahren in der Stettiner St. Ottenkirche beigesetzt. Sein Wahlspruch war gewesen: »Der Uhren ich warte.« Schon bald nach seinem Tod wurde er von den Chronisten zum »Bugislav magno« erhoben, was sicher nicht ganz ohne Grund geschah.

Georg I. (1493 – 1531)

Die Geburt des ersten Sohnes in seiner zweiten Ehe mit Anna von Polen entband Bogislaw X. nach langen Jahren des Bangens der Sorge um einen Thronfolger. Als Kind verbrachte Georg mehrere Jahre am Hof seines Onkels und vermutlichen Namensgebers, Herzog Georg »dem Bärtigen« von Sachsen. Dies ist ebenso wie die spätere Heirat mit Amalia, der Tochter des Kurfürsten Philipps von der Pfalz, ein deutliches Zeichen für das Bemühen des Vaters, im Reichsfürstenstand Fuß zu fassen um so Unterstützung in seinem Kampf gegen Brandenburg zu gewinnen.

Als Bogislaw X. 1523 im 70. Lebensjahr nach fast fünfzigjähriger Regierungszeit starb, war Georg bereits 30 Jahre alt, seit zehn Jahren verheiratet und Vater eines Sohnes Philipp, geboren 1516, sowie einer Tochter Margaretha, geboren 1518. Der erste Sohn, Bogislaw, starb 1514 kurz nach der Geburt. Georg war bereits in den letzten Jahren seines Vaters an der Regierung beteiligt. Nach Bogislaws Tod übernahm er die Herrschaft gemeinsam mit seinem acht Jahre jüngeren Bruder Barnim IX. Wie es scheint, war Georg jedoch der aktivere Herrscher, der den Großteil der anfallenden Regierungsgeschäfte erledigte.

Es war eine äußerst problematische Zeit. 1517 hatte mit Luthers Thesenanschlag die Reformation im Reich begonnen. Und weiterhin ungeklärt war das Verhältnis Pommerns zu Brandenburg als das vom Vater geerbte wichtigste außenpolitische Problem. Der Gegensatz verschärfte sich in den ersten Jahren so stark, dass ein erneuter Waffengang fast unvermeidlich schien. Den Vermittlungsversuchen der fürstlichen Verwandtschaft und dem unermüdlichen Einsatz des pommerschen Hofrates Vivigentz von Eickstedt war es schließlich zu verdanken, dass 1529 im Jagdschloss Grimnitz in der Schorfheide der Durchbruch gelang. Pommern erhielt das Recht der unmittelbaren Belehnung durch den Kaiser, allerdings in Anwesenheit märkischer Vertreter, und Brandenburg das Anfallsrecht beim Aussterben der Greifen. Mit Polen einigte Georg sich wegen der noch ausstehenden Teile des mütterlichen Brautschatzes. Pommern erhielt zum Ausgleich die bisher nur pfandweise besessenen Länder Bütow und Lauenburg als polnische Lehen. Des Weiteren kam es zu einem Bündnisvertrag mit Polen und Mecklenburg, welcher hauptsächlich gegen Brandenburg und das ebenfalls vom Haus Hohenzollern regierte Deutschordensland, aber auch gegen religiöse und sonstige Unruhestifter und Landfriedensbrecher gerichtet war.

Denn im Inneren des Herzogtums gärte es. Die reformatorischen Unruhen erreichten in den größeren Städten ab der Mitte der 1520er-Jahre ihren Höhepunkt. Die Herzöge reagierten in dieser Frage unentschlossen, wobei Georg mehr zur Bewahrung des alten Glaubens neigte. Dies geschah wohl weniger aus religiösen Gründen als vielmehr in der Hoffnung, dadurch die Ordnung bes-

Herzog Georg I. auf dem Croyteppich von 1554

ser aufrechterhalten zu können. In ähnlicher Weise verhielt er sich auch auf den Reichstagen, die er regelmäßig besuchte. Auf dem Reichstag von Speyer von 1529 rechnete man ihn jedenfalls zu den an der alten Lehre festhaltenden Fürsten.

Das Verhältnis zu seinem jüngeren Bruder scheint insgesamt nicht das Beste gewesen zu sein. Es verschärfte sich offensichtlich, als Georg nach dem frühen Tod seiner ersten Frau (1525) mit Margarete, der jüngsten Tochter des brandenburgischen Kurfürsten Joachim I., 1530 eine zweite Ehe einging. Im selben Jahr forderte Barnim IX. erstmals offen die Teilung der Herrschaft. Georg widersetzte sich zwar, doch bevor die Frage geklärt werden konnte, verstarb er plötzlich in der Nacht vom 9. auf den 10. Mai 1531 im Alter von nur 38 Jahren. Wieder könnte man fragen, was wäre geschehen, wenn ihm eine längere Regierungszeit vergönnt gewesen wäre? Hätte er auch der Einführung der Reformation zugestimmt? Zweifellos ist mit ihm ein fähiger Regent gestorben. Neben den beiden Kindern aus der ersten Ehe wurde ihm von seiner zweiten Gattin posthum im November 1531 noch eine weitere Tochter geboren, die nach landüblicher Sitte den Namen des Vaters, also Georgia, erhielt.

Barnim IX. (1501 – 1573)

Trotz seines noch höheren Lebensalters und einer fast ebenso langen Regierungszeit reichte der zweitjüngste Sohn Bogislaw X. in keiner Beziehung an die großen Leistungen seines Vaters heran. Dabei genoss Barnim IX., der in der älteren Literatur in der Regel Barnim XI. genannt wird, eine sorgfältige Erziehung. Er kam bei seinem Studienaufenthalt an der neu gegründeten Universität Wittenberg schon früh mit Luthers Anschauungen in Berührung und scheint auch mit ihnen sympathisiert zu haben. Offen trat er aber auch nach der Regierungsübernahme nicht für sie ein.

Dabei gärte es diesbezüglich auch in Pommerns Städten. Wahrscheinlich hielt sich Barnim aus Respekt vor seinem älteren Bruder Georg zurück. Es wird zumindest behauptet, eine wesentliche Ursache für seine ab 1530 erhobenen Forderungen nach einer Teilung der Herrschaft sei die unterschiedliche Meinung zur konfessionellen Frage gewesen. Nach Georgs Tod setzte Barnim 1532 die Teilung gegen seinen jungen Neffen Philipp I. durch und erhielt den »Ort«, d. h. den Landesteil, Stettin. Anders als 1295 waren die Herzogtümer durch eine von Nord nach Süd verlaufende Grenze in einen westlichen und einen östlichen Teil geschieden worden. Eine Reihe von Besitzungen und Einkünften, wie etwa das Stettiner Haff, blieben zudem unter gemeinsamer Verwaltung. Die Teilung war zunächst nur auf acht Jahre befristet, wurde dann aber 1541 dauerhaft.

1534 stellten die Herzöge sich der drängenden konfessionellen Frage und beschlossen auf einem zu Treptow an der Rega einberufenen Landtag am 13. Dezember die Einführung der Reformation. Neben den rein religiösen Fragen, die damit einer Lösung zugeführt werden konnten, bedeutete dies auch die Säkularisation

Herzog Barnim IX., Porträtskizze aus dem Visierungsbuch Herzog Philipp II.

der geistlichen Güter. Die Herzöge bemächtigten sich auf diese Weise der meisten Besitzungen der aufgelösten Klöster und Stifter. Zum Teil in Konkurrenz zu der von Philipp I. 1539 wiederbegründeten Greifswalder Universität stiftete Barnim IX. 1543 das fürstliche Pädagogium in Stettin und stattete es mit einem Teil der Güter des Marien- und Ottostiftes in Stettin aus.

Aufs Ganze gesehen, ist Barnim eher ein reagierender denn ein aktiv agierender Landesfürst gewesen. Vorsichtig, manchmal auch kleinlich, erscheint seine Politik. Aber sie hat es zumindest vermocht, dem Land in den stürmischen Zeiten der Reformation Frieden zu erhalten. Nach dem Tod seines Neffen Philipp übernahm er formal die Vormundschaft für seine Großneffen, die eigentliche Regentschaft führten aber die Wolgaster Hof- und Landräte. 1569 verabredeten die inzwischen mündig gewordenen Wolgaster Fürstensöhne mit ihrem Großonkel eine erneute Teilung des Landes. Vorgesehen waren jetzt neben den beiden Teilherzogtümern Stettin und Wolgast noch zusätzliche Abfindungsgebiete für die nicht regierenden Fürsten. Barnim, der auf die weitere Herrschaft verzichtete, erhielt eine solche Apanage und verbrachte seine letzten Jahre auf der von ihm 1551 auf den Grundmauern des Karthäuserklosters vor Stettin errichteten Oderburg, einem Lustschloss im Renaissancestil.

Seine Heirat mit der lüneburgischen Prinzessin Anna brachte Pommern 1525 die Unterstützung dieses Zweiges der Welfen gegenüber Brandenburg. Aus der Ehe gingen insgesamt sechs Töchter hervor, von denen zwei bereits jung und eine unverheiratet starben. Auch der einzige Sohn, Bogislaw XII., von dem nicht einmal das Geburtsjahr bekannt ist, starb anscheinend gleich nach der Geburt oder zumindest im frühen Kindesalter. Von den anderen drei Töchtern überlebte der Vater ebenfalls die 1558 ins Grab gesunkene Dorothea, Gattin Graf Johanns von Mansfeld, sowie die bereits 1554 als Gattin des Grafen Otto IV. von Holstein-Schaumburg verstorbene Maria. Als einziges Kind überlebte ihn die Tochter Anna, dreimal vermählt, zuletzt mit Graf Jobst von Barby. Seine letzten Lebensjahre war Barnim IX. zudem Witwer, nachdem er seine Gemahlin Anna 1568 verloren hatte. Dies mag ihn zum Verzicht auf die Regierung bewogen haben. Einen Monat vor seinem 72. Geburtstag starb er am 2. November 1573 auf der Oderburg, seinem Alterssitz.

Philipp I. (1515 – 1560)

Der einzige überlebende Sohn Georg I. aus dessen Ehe mit Amalia von der Pfalz wurde am 14. Juli 1515 geboren. Philipp hat also als kleiner Junge noch seinen tatkräftigen Großvater Bogislaw X. kennen gelernt. Dagegen verlor der Knabe, der seinen Namen nach dem Großvater Kurfürst Philipp dem Aufrichtigen von der Pfalz erhalten hatte, im Alter von neun Jahren die Mutter. Deshalb nahm ihn der Vater 1526 auf seine Reise zum Reichstag nach Speyer mit, um ihn am kurpfälzischen Hof in Heidelberg weiter erziehen zu lassen. Der frühe Tod Georg I. im Mai 1531 beendete den Aufenthalt in der Pfalz. Im Oktober 1531 kam der gerade 16-jährige Jüngling in die Heimat zurück, um das Erbe des Vaters anzutreten.

Pommern befand sich damals in einer schwierigen Situation. Der Streit mit Brandenburg war zwar 1529 mit dem Grimnitzer Vertrag beigelegt worden, aber die seit fast zehn Jahren gärenden religiösen und sozialen Unruhen strebten ihrem Höhepunkt zu und verlangten eine Entscheidung der Landesherrn. Hinzu kam die äußerst gespannte Lage im Ostseeraum, insbesondere in Dänemark. Dort war nach dem Tod König Friedrich I., Schwager und Onkel der pommerschen Herzöge, der Kampf um die Thronfolge entbrannt, der als Grafenfehde in die Geschichtsbücher einging. Lübeck versuchte in diesen Kämpfen der Hanse wieder das alte Gewicht zu verleihen und durchlebte unter seinem Anführer Jürgen Wullenwever äußerst unruhige Zeiten. Es wurde von den pommerschen Hansestädten, insbesondere Stralsund, unterstützt. Die pommerschen Herzöge standen dagegen auf Seiten ihres Verwandten, Herzog Christians, der schließlich auch siegte und als Christian III. den Thron bestieg.

Rund ein Jahr nach der Rückkehr Philipps teilte er sich am 21. Oktober 1532 mit seinem Onkel Barnim IX. die Herrschaft im Herzogtum. Es entstanden die Teilherzogtümer Wolgast und Stettin. Das Los entschied, dass Philipp den »Ort« Wolgast, den kleineren, aber wirtschaftlich stärkeren Teil bekam.

Zwei Jahre darauf ging er gemeinsam mit Barnim IX. an die Lösung der religiösen Frage. 1534 beschlossen sie auf dem Landtag zu Treptow an der Rega die Einführung der Reformation und beauftragten Johannes Bugenhagen mit der Erarbeitung einer Kirchenordnung. Diese lag 1535 vor. Im selben Jahr begannen die Visitationen der kirchlichen Einrichtungen, in deren Folge die Klöster und Stifter größtenteils säkularisiert wurden. Da sich der Bischof von Cammin der Reformation nicht anschloss, wurde eine eigene protestantische Landeskirche aufgebaut. Die Leitung übernahm für jeden Landesteil ein Superintendent. Später kam noch ein Konsistorium als kirchliche Behörde und Gericht hinzu. Vorbild beim Aufbau der protestantischen Landeskirche war Kursachsen.

Mit der Heirat der kursächsischen Prinzessin Maria, einer Tochter von Kurfürst Johann dem Beständigen, schloss sich Philipp 1536 der protestantischen Partei im Reich an. Die Mitglied-

Herzog Philipp I., Ölgemälde von Lucas Cranach d. Ä. von 1541

schaft im Schmalkaldischen Bund nahmen er und sein Onkel nur nachlässig wahr. Insbesondere war es wohl der Streit mit Dänemark um die Rechte und Besitzungen des Bischofs von Roskilde auf Rügen, die Pommerns Verhältnis zum protestantischen Fürstenbund belasteten. Trotzdem wurde es wegen seiner Mitgliedschaft 1548 von Kaiser Karl V. mit einer Geldstrafe belegt.

Im Inneren bemühte sich Philipp um die Festigung der fürstlichen Macht. Er ging dabei ganz im Sinne des von Luther entworfenen Ideals eines Hausvaters vor. Die Landesverwaltung wurde mit festen Institutionen versehen. Mit den Landständen konnte er sich nach den im Gefolge der Reformation entstandenen Streitigkeiten einigen und erreichte 1540 die allgemeine Huldigung. Im Jahr zuvor hatte er auch der Universität Greifswald wieder neues Leben eingehaucht. Mit Philipp hielten Humanismus und Renaissance endgültig Einzug in Pommern.

Seine Frau gebar ihm insgesamt zehn Kinder, von denen ihn fünf Söhne und drei Töchter überlebten. Philipp achtete auf eine sorgfältige Erziehung im protestantischen Sinne. Seine Söhne besuchten die Greifswalder und andere Universitäten. Die Untertanen schätzten den für leutselig und umgänglich geltenden Herzog als ihren Landesvater. Wie so viele seiner fürstlichen Standesgenossen war er jedoch dem Trunk nicht abgeneigt. Man schreibt es dieser Untugend zu, an Philipps frühem Tod schuld gewesen zu sein. Er starb noch vor der Vollendung des 45. Lebensjahres am 14. Februar 1560 in seinem Residenzschloss in Wolgast. Seine Witwe Maria von Sachsen überlebte ihn um 23 Jahre und verbrachte ihre letzten Jahre auf ihrem Witwensitz in Pudagla auf der Insel Usedom. Obwohl schon vorher pommersche Herzöge in der Wolgaster Kirche begraben worden waren, begründete erst Philipp I. dort eine eigentliche Grablege, indem er eine herzogliche Gruft einrichten ließ. Ein Epitaph kündet vor Ort noch heute von diesem Herzog, der einer der bedeutendsten des Greifenstammes gewesen war.

Johann Friedrich (1542 – 1600)

Wenn man in der Literatur liest, dass Johann Friedrich der älteste Sohn Philipp I. und Marias von Sachsen gewesen sei, so stimmt das nur insofern, als dass er das älteste die Eltern überlebende Kind war. Noch vor ihm wurde 1540 Georg geboren, der aber bereits im Alter von vier Jahren verstarb. Ein noch kürzeres Leben war dem 1551 geborenen Erich beschieden, der nur etwas mehr als drei Monate alt wurde. Auch Fürsten erlebten nicht selten den frühen Tod ihrer Kinder und mussten damit umgehen.

Seinen Namen erhielt Johann Friedrich nach dem sächsischen Kurfürsten Johann Friedrich, dem Halbbruder seiner Mutter, der Kaiser Karl V. in der Schlacht bei Mühlberg 1547 unterlag und die Kurwürde verlor. Erzieher des Prinzen und seiner beiden nächstfolgenden Brüder Bogislaw XIII. und Ernst Ludwig wurde der aus Frankreich geflohene und an den Hof Philipp I. berufene protestantische Theologe Andreas Magirius.

Mit 14 Jahren kam Johann Friedrich erstmals mit den Staatsgeschäften in Kontakt. 1556 war der Camminer Bischof Matthias von Weiher gestorben. Kirchenleitende Funktionen hatte der Bischof in Pommern schon seit der Reformation nicht mehr ausgeübt. Er war nur noch Landesherr des Stiftsgebietes, also des weltlichen Herrschaftsgebietes des Bistums. Bestärkt durch die Regelungen des 1555 geschlossenen Augsburger Religionsfriedens wandelten die beiden regierenden Herzöge das Stift Cammin in eine Sekundogenitur, ein Fürstentum für nachgeborene Söhne, um. Erster Titulaturbischof aus dem Greifenhaus wurde 1556 Johann Friedrich. Die Regierung im Stift, dessen territoriale Selbständigkeit 1560 ausdrücklich anerkannt wurde, übte wegen der Minderjährigkeit des Prinzen ein herzoglicher Rat als Statthalter aus.

Johann Friedrich setzte indes seine Ausbildung an der Landesuniversität in Greifswald fort. 1560 starb der Vater und ein vormundschaftlicher Rat übernahm die Regierungsgeschäfte. Dem stand zwar formal der in Stettin regierende Großonkel Barnim IX. vor, das Sagen hatten aber die Wolgaster Räte unter der Führung des Großhofmeisters Ulrich von Schwerin. Der Prinz zog inzwischen an den kaiserlichen Hof und beteiligte sich an einem Feldzug gegen den damaligen Erbfeind, die Türken. Als Beute wurden ein gefangener Türke und vier Kamele nach Stettin geschickt.

1567 begannen Johann Friedrich und Bogislaw XIII. mit der eigenen Regierungstätigkeit. Zwei Jahre später kam eine Einigung mit Barnim IX. zustande, der auf seine Herrschaft zugunsten der Großneffen verzichtete. In einem weiteren Vertrag regelten die Brüder zusammen mit dem Großonkel die Verteilung der Herrschaftsrechte einschließlich der Nachfolge und Abfindung der nicht zur Regierung kommenden Prinzen. Johann Friedrich übernahm von seinem Großonkel die Herrschaft in Stettin. Sie wurde in den ersten Jahren allerdings durch das Abfindungsgebiet für Barnim IX. eingeschränkt.

Große Aufmerksamkeit zog der junge Herzog mit dem Stettiner Friedenskongress von 1570 auf sich, der den Siebenjährigen Nordischen Krieg zwischen Dänemark und Schweden beendete. Seinen Hang zu fürstlicher Repräsentation brachte er durch den großzügigen Ausbau des Stettiner Schlosses zum Ausdruck. Integriert wurden dabei auch Teile der Stiftskirche St. Otto, die jetzt

Herzog Johann Friedrich, Ölgemälde von Giovanni Battista Perini von 1571

als protestantische Schlosskirche nach sächsischem Vorbild eine neue Funktion erhielt. Um die ständig steigenden Kosten der aufwendigen Hofhaltung, aber auch der mehr und mehr ausdifferenzierten Landesverwaltung finanzieren zu können, versuchte Johann Friedrich neue Steuern, insbesondere die Akzise, einzuführen. Doch dem widersetzten sich die Landstände mit Hilfe seines in Wolgast regierenden Bruders Ernst Ludwig erfolgreich.

1571 verlobte Johann Friedrich sich mit der erst zehn Jahre alten kurbrandenburgischen Prinzessin Erdmuthe. Die Hochzeit fand wegen der Jugend der Braut erst 1577 statt, geriet aber zu einer Feierlichkeit mit einem in Pommern bis dahin unbekannten Aufwand. Die Ehe blieb kinderlos. Dafür betätigte sich die Herzogin in späteren Jahren umso mehr als Heiratsvermittlerin. Johann Friedrich starb, wie viele Greifen, nicht nur relativ jung, sondern auch überaus plötzlich am 5. Februar 1600, während eines Besuchs bei seiner Schwägerin Sophia Hedwig in Wolgast.

Bogislaw XIII. (1544–1606)

Der am 9. August 1544 geborene zweitälteste überlebende Sohn Philipp I. wurde als Kind zusammen mit seinen Brüdern Johann Friedrich und Ernst Ludwig sorgfältig nach den Grundsätzen des Humanismus im Geiste des Protestantismus ausgebildet. Üblicherweise gliederte sich die Prinzenausbildung damals in drei Abschnitte: höfische Erziehung, Universitätsbesuch und Kavalierstour. Bogislaw XIII. studierte bis 1563 an der Greifswalder Universität, dann ging er an den Wolgaster Hof zurück, um seinen älteren Bruder Johann Friedrich bei den Regierungsgeschäften zu vertreten, solange jener sich auf seiner Kavalierstour befand. Auch Bogislaw wird eine solche Reise unternommen haben. Von 1567 bis 1569 regierte er gemeinsam mit Johann Friedrich in Wolgast.

In der Erbteilung von 1569 wäre ihm als zweitältestem Bruder die Übernahme der Herrschaft in einem der Fürstentümer zugefallen. Er verzichtete jedoch darauf, zugunsten seines jüngeren Bruders Ernst Ludwig, und übernahm das Amt Barth sowie die Besitzungen des säkularisierten Zisterzienserklosters Neuenkamp als Apanage. Dort entfaltete er eine seinen bescheidenen Möglichkeiten entsprechende Hofhaltung. Das alte herzogliche Schloss in Barth und das Kloster Neuenkamp, welches er abbrechen und durch einen Schlossbau ersetzen ließ, wurden seine Residenzen. 1582 ließ er in Barth eine Druckerei einrichten. Der wirtschaftlichen Erschließung seiner kleinen Herrschaft sollte 1587 die Gründung der Stadt Franzburg neben der zweiten Residenz Neuenkamp dienen. Ihren Namen trug die mit einer Wollmanufaktur ausgestattete Siedlung nach Bogislaws Schwiegervater Franz von Lüneburg. Der Brautschatz seiner ersten Gemahlin Clara von Braunschweig-Lüneburg ermöglichte erst den Bau von Schloss und Stadt Franzburg.

Clara, mit der er sich 1572 vermählte, gebar Bogislaw XIII. insgesamt elf Kinder. Davon starben die Töchter Katharina, Erdmut, Sophia Hedwig sowie der Sohn Johann Ernst bereits im Säuglings- bzw. Kindesalter. Clara selbst verstarb 1598 und Bogislaw ehelichte 1601 die wesentlich jüngere Anna von Schleswig-Holstein. Diese Ehe blieb kinderlos.

Herzog Bogislaw XIII., Ölgemälde eines unbekannten Kopisten um 1750

1592 übernahm Bogislaw XIII. die Vormundschaft für seinen unmündigen Vetter Philipp Julius in Wolgast. 1603 trat er nach dem Tod seines jüngeren Bruders Barnim X. die Herrschaft in Stettin an. Seine Apanage übergab er aber erst 1605, nach dem Tod seines jüngsten Bruders Kasimir VI., an den regierenden Herzog von Pommern-Wolgast. Über die dabei von ihm geltend gemachten Forderungen kam es zum Streit mit dem Wolgaster Hof, den seine Söhne fortsetzen mussten. Am 7. März 1606 starb Bogislaw XIII. in Stettin und wurde dort in der von seinem Bruder Johann Friedrich eingerichteten Gruft in der Schlosskirche beigesetzt. Er galt anders als seine beiden seit 1569 regierenden Brüder als sparsamer Haushalter, aber auch als Liebhaber der Wissenschaften und Künste.

Konsequenterweise müsste er in heutigen Genealogien des Greifenhauses Bogislaw XI. heißen, denn zwischen seinem Urgroßvater Bogislaw X. und ihm gab es keinen regierenden bzw. volljährigen Herzog dieses Namens. Bei Barnim IX. und Barnim X., die früher als Barnim XI. und Barnim XII., gezählt wurden, hat man deshalb diese Änderung durchgeführt. Bei Bogislaw XIII. und seinem Sohn Bogislaw XIV. unterblieb dies. Hauptgrund dafür dürfte sein, dass beide in zahlreichen Dokumenten selbst ihren Namen mit der jeweiligen Ordnungszahl versahen, wogegen bei den beiden Barnimen in der Regel nur die Bezeichnungen Barnim der Ältere bzw. der Jüngere vorkommen.

Ernst Ludwig (1545 – 1592)

Der am 2. November 1545 geborene Sohn Philipp I. und Marias von Sachsen durchlief zusammen mit seinen beiden älteren und dem nächstjüngeren Bruder eine sorgfältige Ausbildung. Zu seinen Lehrern gehörten an der Greifswalder Universität Balthasar Rhaw und Jacob Runge. An der Universität Wittenberg, die er anschließend besuchte, übte er das Ehrenrektorat aus. Im Anschluss an die Universitätsstudien unternahm der Prinz Reisen, insbesondere nach Frankreich. Dort zeigte er Neigungen zu einer militärischen Laufbahn, lernte aber auch seinen späteren Schwiegervater Julius von Braunschweig-Wolfenbüttel kennen.

In der Landesteilung von 1569 fiel ihm wegen des Verzichts seines älteren Bruders Bogislaw XIII. die Herrschaft in Wolgast zu. Damit verbunden war auch die Versorgung der Mutter, Maria von Sachsen. Für sie baute er das säkularisierte Kloster Pudagla auf der Insel Usedom zu einem Witwensitz um, den sie 1574 bezog. Die eigene Residenz Wolgast war noch durch einen 1557 ausgebrochenen Brand arg in Mitleidenschaft gezogen. Auch hier betätigte sich Ernst Ludwig als Bauherr und ließ das sogenannte Neue Haus errichten.

Insgesamt lässt sich wohl sagen, dass er in Bezug auf fürstliche Repräsentation seinem in Stettin residierenden ältesten Bruder Johann Friedrich nicht nachstand. Daran hatte auch seine Gemahlin Sophia Hedwig von Braunschweig-Wolfenbüttel, die er 1577 heiratete, wesentlichen Anteil.

Herzog Ernst Ludwig, ganzfiguriges Relief in der Aula der Ernst-Moritz-Arndt-Universität Greifswald, ursprünglich Schloss Wolgast

Die Regierungsgeschäfte überließ er dagegen weitestgehend seinen Hofräten. In den ersten Jahren standen ihm mit Ulrich von Schwerin und Valentin von Eickstedt noch Vertreter jener Generation zur Seite, die bereits bei seinem Vater bzw. in der vormundschaftlichen Regierung von 1560 bis 1569 tätig gewesen waren. Zum Ende seiner Herrschaft avancierte der Kammerrat Melchior Normann immer mehr zur »grauen Eminenz« am Wolgaster Hof. Offiziell mit keinem genau beschriebenen Geschäftsbereich versehen, zog er nahezu alle wichtigen Angelegenheiten an sich, insbesondere die maßgebliche Finanzverwaltung. Wie im Stettiner Landesteil wuchsen auch in Wolgast die Schulden unter Ernst Ludwig erheblich an. Bleibenden Verdienst erwarb er sich jedoch bei der Förderung der Greifswalder Universität, für die er in seinen letzten Jahren ein neues nach ihm benanntes Gebäude errichten ließ. Es wurde erst nach seinem Tod fertig gestellt, galt den Zeitgenossen aber als eines der schönsten im Reich.

Schon als Jugendlicher litt Ernst Ludwig unter »Schwermut«, weshalb ihm von seinen Lehrern das regelmäßige Lautenspiel empfohlen wurde. Hinzu kam seine Neigung zum Trinken. Beides verstärkte sich noch, als bei seiner jüngsten Tochter Elisabeth Magdalena Anzeichen einer Geisteskrankheit festgestellt wurden. Außer ihr hatten er und Sophia Hedwig noch die Tochter Hedwig Maria sowie den Sohn und Thronfolger Philipp Julius. Am 17. Juni 1592 starb Ernst Ludwig in Wolgast. Er wurde neben seinem Vater in der herzoglichen Gruft der Wolgaster Petrikirche beigesetzt. Seine Witwe überlebte ihn um fast 39 Jahre. Noch in seinem Testament manifestierte sich das schlechte Verhältnis zu seinem ältesten Bruder Johann Friedrich. Nicht ihm, dem es als Ältesten der Familie eigentlich zugestanden hätte, sondern Bogislaw XIII. übertrug er die Vormundschaft über seinen Sohn Philipp Julius und damit zugleich die Wolgaster Regierungsgeschäfte.

Barnim X. (1549 – 1603)

Der am 15. Februar 1549 geborene Sohn Philipp I. und Marias von Sachsen teilte das Los der nachgeborenen Prinzen. Zwar er-

Herzog Barnim X., auf dem Bild nach der alten Zählung Barnim XII., Ölgemälde eines unbekannten Kopisten um 1750

hielt er ebenso wie seine älteren Brüder eine sorgfältige Erziehung und Ausbildung, aber Aussichten auf Übernahme der Regierungsgeschäfte bestanden für ihn zunächst nicht. In der Erbteilung von 1569 waren die Ämter Rügenwalde und Bütow in Hinterpommern zu seiner Apanage bestimmt. Die tatsächliche Herrschaft trat Barnim X. jedoch erst einige Jahre später an und wählte das Schloss Rügenwalde, in dem zuletzt Erich von Pommern ein Jahrhundert zuvor geherrscht hatte, zu seiner Residenz. Ähnlich wie sein ebenfalls mit einer Apanage abgefundener Bruder Bogislaw XIII. verwaltete er seine kleine Herrschaft umsichtig und sparsam. 1602 trat er sie an seinen jüngeren Bruder Kasimir VI. ab.

1581 hielt er mit der kurbrandenburgischen Prinzessin Anna Maria Hochzeit. Sie war eine jüngere Schwester von Erdmuthe, die seit 1577 mit dem in Stettin regierenden Johann Friedrich verheiratet war. Wie deren Ehe blieb auch die von Barnim und Anna Maria kinderlos.

Als Johann Friedrich 1600 starb, trat Barnim X. gemäß den erbvertraglichen Regelungen von 1569 die Regierung im Herzogtum

Stettin an. Er übernahm ein schweres Erbe, denn sein auf fürstliche Repräsentation bedachter Bruder hatte das Land in große Schulden gestürzt. So war die Reform des Haushaltes die wichtigste Aufgabe des neuen Herrschers. Still und bescheiden erwarb er sich zwar auch in Stettin bald die Zuneigung der Untertanen. Der Aufgabe, der er sich jetzt stellen musste, schien er jedoch nicht gewachsen zu sein. Kurz vor seinem Tod bezeichnete er selbst die Mühen und Anstrengungen seit der Regierungsübernahme in Stettin als eine wesentliche Ursache für seinen schlechten Gesundheitszustand.

Auf einer Reise zu seinem Bruder Kasimir VI. nach Rügenwalde ist Barnim X. im August 1603 erkrankt und nach seiner Rückkehr am 1. September in Stettin verstorben. Sein Zeitgenosse, der Stettiner herzogliche Rat Joachim von Wedel, hat in seinem Hausbuch einen würdigen Nachruf auf ihn verfasst. Bestattet wurde er neben seinem Bruder in der Gruft der Stettiner Schlosskirche. Seine Witwe bezog das Leibgedinge Wollin auf der gleichnamigen Insel, wo sie 1618 starb.

Kasimir VI. (1557 – 1605)

Der jüngste Sohn von Philipp I. und Maria von Sachsen, geboren am 22. März 1557, ist auch der am wenigsten in Erscheinung getretene. In der Erbteilung von 1569 wurde für ihn die Übernahme des Stifts Cammin beschlossen, das aber sein ältester Bruder Johann Friedrich noch innehatte. Erst 1574 trat er die Stiftsregierung an. Man sagt ihm nach, dass er das Bischofsamt nicht gerade freiwillig übernahm. Viel Freude machte ihm das Regieren in der Tat nicht. Mit Kolberg, der bedeutendsten Stadt seines Herrschaftsgebietes, befand er sich in jahrelangen Streitigkeiten, die erst durch das Eingreifen seiner beiden regierenden Brüder Johann Friedrich und Ernst Ludwig beigelegt werden konnten. Viel lieber ging Kasimir seinen beiden Leidenschaften nach: dem Trinken und dem Fischen. So war er sicher ganz erleichtert, als er 1602 den Bischofstitel samt Stiftsregierung an seinen Neffen Franz übergeben konnte. Kasimir übernahm dafür die bisher von seinem

Herzog Kasimir VI., Ölgemälde eines unbekannten Kopisten um 1750

Bruder Barnim X. als Apanage verwalteten Ämter Rügenwalde und Bütow.

1603 hätte er eigentlich nach Barnims Tod die Herrschaft in Stettin antreten sollen, verzichtete aber darauf und blieb in Rügenwalde. Dort ließ er sich direkt am Strand ein Lustschloss bauen, das den Namen Neuhaus bekam und von wo aus er der Fischerei ungestört nachgehen konnte. Er blieb unverheiratet, anfangs wegen seines bischöflichen Amtes, später wegen seines Gesundheitszustandes. Aus seinen letzten Lebensjahren ist überliefert, dass er sich, von Krankheiten geschwächt, nur noch von einem in den nächsten Tag rettete. Daran war nach Meinung seiner Zeitgenossen in erster Linie sein Lebenswandel schuld. Wenn auch alle pommerschen Herzöge gern und reichlich tranken, so hat es Kasimir VI. nicht nur den umlaufenden Gerüchten zufolge auf die Spitze getrieben. Nachdem er am 10. Mai 1605 gestorben war, öffnete man – wie üblich vor der Bestattung – die Leiche. Dem Befund nach sollen die inneren Organe bereits schwarz und faulig gewesen sein. Der Leichnam wurde am 20. Juni 1605 in der herzoglichen Gruft in der Stettiner Schlosskirche beigesetzt.

Philipp II. (1573 – 1618)

In Neuenkamp, dem heutigen Franzburg, erblickte der älteste Sohn von Bogislaw XIII. und Clara von Braunschweig am 29. Juli 1573 das Licht der Welt. Dort und in Barth, der kleinen Residenz seines Vaters, wuchs er auf, genoss als Kind und Jugendlicher die damals übliche Bildung eines deutschen Fürstensohns der Spätrenaissance, doch gingen Philipps künstlerische und wissenschaftliche Interessen über das gewöhnliche Maß hinaus. Bereits mit zwölf Jahren besaß er eine eigene Sammlung von Büchern und Bildern. Erste wissenschaftliche Abhandlungen schrieb er mit 17. Die Kunst war für Philipp nicht nur Ausdruck fürstlicher Repräsentation, sondern inneres Bedürfnis. Gemäß den Sitten seiner Zeit unternahm er zahlreiche Kavalierstouren, die ihn in viele europäische Länder und an zahlreiche Fürstenhöfe führten. Den Abschluss bildete ein 1598 wegen der schweren Erkrankung der Mutter vorzeitig beendeter zweijähriger Aufenthalt in Italien.

Fünf Jahre später holten ihn die Regierungsgeschäfte ein. 1603 war sein Vater nach dem Tod Barnim X. regierender Herzog im Teilherzogtum Pommern-Stettin geworden. Selbst mochte er sich für die Regierungsgeschäfte bereits zu alt gefühlt haben, deshalb übertrug er seinem ältesten Sohn die Statthalterschaft. Nach dem Tod des Vaters übernahm Philipp 1606 dann auch offiziell die Regierung im Stettiner Herzogtum. Politisch trat er weniger in Erscheinung. Gleichwohl lässt sich in seiner Zeit eine Hinwendung von Pommern-Stettin zur Führungsmacht des Obersächsischen Reichskreises, Kursachsen, feststellen. Zu den innenpolitischen Maßnahmen seiner Regierungszeit gehört unter anderem auch der Erlass der Bauernordnung von 1616, die in römisch-rechtlicher Umdeutung der tatsächlichen Verhältnisse einen leibeigenschaftsähnlichen Status für die bäuerliche Bevölkerung festschrieb.

Ab 1606 gab Philipp II. zahlreiche bedeutende Kunstwerke in Auftrag und legte entsprechende Sammlungen an. Hierzu zählen das Epitaph am Grabmahl seines Vorfahren Barnim VI. in der Kirche von Kenz bei Barth, das sogenannte Visierungsbuch mit zahlreichen Porträts von Angehörigen des pommerschen Her-

Herzog Philipp II., Kupferstich von Lucas Kilian von 1618

zogshauses, eine Gemäldegalerie, die große Lubinsche Landkarte vom Herzogtum Pommern, der sogenannte Meierhof und als Glanzpunkt der leider im 2. Weltkrieg in Berlin verbrannte pommersche Kunstschrank. Für die Beschaffung und Vermittlung vieler dieser Kunstwerke zeichnete der Augsburger Patrizier und Kunsthändler Philipp Hainhofer verantwortlich. Zur Unterbringung der Kunstsammlungen ließ Philipp II. ein neues Gebäude, den sogenannten Münzhofflügel, an der Westseite des Stettiner Schlosses errichten, der aber erst unter seinem Bruder und Nachfolger Franz vollendet wurde.

Schon früh machte sich bei Philipp ein Hang zur Melancholie bemerkbar, der durch seine kränkliche Konstitution sicherlich noch verstärkt wurde. Gichtanfälle seit dem ersten Jahrzehnt des 17. Jahrhunderts machten ihm sein Dasein immer schwerer und er zog sich mehr und mehr aus dem öffentlichen Leben zurück.

Weder bei der Hochzeit seines Bruders Franz mit Sophia von Sachsen in Dresden 1610 noch bei der Belehnung durch Kaiser Matthias auf dem Regensburger Reichstag 1613 konnte er persönlich erscheinen. Auch der Besuch des 1612 bei Lüneburg neu entdeckten Gesundbrunnens brachte ihm keine Erlösung von den Leiden. Am 3. Februar 1618 starb er – wie die meisten männlichen Angehörigen des Greifenhauses des 16. und 17. Jahrhunderts – bereits im fünften Lebensjahrzehnt. 1607 hatte er Sophia von Schleswig-Holstein-Sonderburg geheiratet. Die Ehe blieb, wie alle anderen der letzten Generation der pommerschen Herzöge, kinderlos. Die Witwe zog auf ihr Leibgedinge nach Treptow an der Rega, wo sie ihren Gatten um mehr als 40 Jahre überlebte und am 3. Juni 1658 starb.

Franz (1577 – 1620)

Der zweite Sohn Bogislaw XIII. und Claras von Braunschweig-Lüneburg wurde am 24. März 1577 geboren. Er genoss eine ebenso umfangreiche, sorgfältige Erziehung und Ausbildung wie sein älterer Bruder Philipp II., zeigte aber schon früh eine Neigung zu militärischen Dingen. Die für heranwachsende Prinzen üblichen Kavalierstouren führten ihn 1594 und 1596 in viele europäische Länder. An den Fürstenhäusern war er ein gern gesehener Gast.

1602 übernahm er von seinem Onkel Kasimir VI. Titel und Herrschaft des Bischofs von Cammin. In den ersten Jahren seiner Herrschaft reiste er jedoch lieber, nicht zuletzt, um eine künftige Gemahlin zu finden. Während eine Verbindung mit dem hohenzollerischen Herzogshaus in Preußen 1604 nicht zustande kam, bemühte sich insbesondere seine Tante Erdmuthe, seit 1600 Witwe Herzog Johann Friedrichs, um eine Heirat mit einer sächsischen Prinzessin. Gemeinsam mit ihrer Schwester, der sächsischen Kurfürstinnenwitwe Sophia, plante sie eine Ehe mit deren gleichnamiger Tochter. Die Hochzeit kam 1610 tatsächlich zustande und ist wohl auch ein Ausdruck der Annäherung von Pommern-Stettin an das kursächsische Haus als Führungsmacht im Obersächsischen Reichskreis.

Herzog Franz, Ölgemälde eines unbekannten Kopisten um 1620

In der Regierung des Stiftes Cammin trat Franz nicht sonderlich hervor. Hof hielt er in dem von seinem Onkel errichteten Schloss in Köslin. Dort richtete er zur Verbesserung der wirtschaftlichen Lage seines Landes – und natürlich auch seiner Kasse – eine Münzstätte ein. Dies brachte ihm jedoch rasch den Vorwurf der Falschmünzerei ein. Seinen militärischen Neigungen konnte er nur in geringem Maße nachgehen. 1604 lehnte er das Angebot des schwedischen Königs zur Übernahme eines Kommandos ab. Zehn Jahre später stellte er eine kleine Truppe zur Sicherung der Grenzen des Stifts gegen Polen auf. 1618 folgte er seinem Bruder Philipp II. nach dessen Tod in der Regierung in Pommern-Stettin. Das Stift Cammin übergab er seinem jüngsten Bruder Ulrich.

In Stettin regierte er nur zwei Jahre. Er ließ den von seinem Bruder begonnenen Bau des neuen Westflügels am Stettiner Schloss vollenden, in dem Kunstsammlungen untergebracht wurden. Bekannt wurde Franz vor allem durch den in seiner Stettiner Regierungszeit durchgeführten Hexenprozess gegen Sidonia von Borcke. Der aus einem der ältesten und vornehmsten pommerschen Adelsgeschlechter stammenden Stiftsdame des adligen Fräuleinstiftes Marienfließ bei Stargard wurde vorgeworfen, am kinderlosen Tod der pommerschen Herzöge schuld zu sein. Sie wurde nach langem Verhör und grausamer Folter 1620 auf dem Rabenstein vor Stettin hingerichtet.

Der Ehe von Franz und Sophia von Sachsen hat diese aus heutiger Sicht abergläubische Ungeheuerlichkeit ebenso wenig geholfen, wie denen seiner Brüder und seines Vetters in Wolgast. Sie blieben alle kinderlos. Wie nicht selten im Greifenhaus, verstarb Franz am 27. November 1620 kurz nach einer ganz plötzlichen Erkrankung. Seine Witwe zog nicht auf ihr Leibgedinge nach Wollin, sondern blieb in Stettin. Um das Erbe der 1635 Gestorbenen entbrannte mitten im Dreißigjährigen Krieg ein heftiger Streit zwischen Sachsen und Schweden, der dazu führte, dass der Leichnam über Jahre hinweg unbestattet blieb. Während Franz in der Stettiner Schlosskirche beigesetzt wurde, überführte man Sophias Leiche gemäß ihres zu Lebzeiten geäußerten Wunsches nach Dresden. Sie wurde in der dortigen Sophienkirche bestattet.

Philipp Julius (1584 – 1625)

Der am 27. Dezember 1584 geborene einzige Sohn Ernst Ludwigs und Sophia Hedwigs von Braunschweig-Lüneburg galt lange Zeit als die große Hoffnung des Greifengeschlechts. Zwar hatte er schon früh (1592) den Vater verloren, doch sorgte seine gebildete und energische Mutter für eine sorgfältige und umfangreiche Erziehung und Ausbildung. Sie behielt ihn in den ersten Jahren nach dem Tod des Vaters bei sich auf ihrem Witwensitz Schloss Loitz und begleitete den jungen Herzog bei seinen ersten Schritten ins Herrscheramt von 1597 bis 1601 nach Wolgast. Auch später übte sie noch großen Einfluss auf ihren Sohn aus. Offiziell führte jedoch sein Onkel Bogislaw XIII. für ihn die Vormundschaft. 1601 erklärte der Kaiser den Prinzen vorzeitig für volljährig. Bevor er aber die Regierungsgeschäfte übernahm, begab er sich auf eine zweijährige Reise durch Europa. Über den Verlauf dieser ausgedehnten Kavalierstour sind wir durch das von seinem Erzieher Friedrich Gerschow verfasste Tagebuch genauestens unterrichtet.

Aus Anlass des Todes seines Onkels Barnim X. brach Philipp Julius die Reise 1603 ab und kehrte nach Pommern zurück. Bogislaw XIII. übergab ihm die Herrschaft in Wolgast und 1604 empfing der junge Herzog die Belehnung durch den Kaiser. In den ersten Jahren ging er alle Regierungsgeschäfte mit Energie und Tatkraft an. Ein besonderer Missstand war die hohe Verschuldung der herzoglichen Kammer. Auf den Landtagen 1605 und 1606 verweigerten die Stände jedoch die geforderte Hilfe. In fast schon frühabsolutistischer Manier ging Philipp Julius in den folgenden Jahren daran, seinen Einfluss bei den inneren Angelegenheiten der Städte zu vergrößern. Dies gelang ihm zunächst mit Greifswald, später zum Teil auch mit Stralsund, der größten und reichsten Stadt seines Herrschaftsgebietes. Geschickt nutzte der Herzog dabei innerstädtische Streitigkeiten, vornehmlich zwischen Rat und Bürgerschaft, zur Durchsetzung seiner Ziele aus. Am Ende der Verhandlungen, auch in denen mit kleinen Städten, stand in der Regel ein Bürgervertrag, der zumeist den Einfluss des Landesherrn stärkte.

Der Schuldenproblematik allerdings wurde Philipp Julius nicht Herr. Daran waren nicht zuletzt sein eigener Hang zu Prunk und seine Lust zu großen und aufwendigen Reisen mit schuld. Natürlich spielten auch andere Faktoren eine Rolle, in den letzten Jahren seiner Regierung zweifellos der 1618 ausgebrochene Dreißigjährige Krieg und die damit einhergehende »Kipper- und Wipperzeit«. Dem war jedoch schon in den Jahren zuvor eine ständige Teuerungswelle vorausgegangen. Die traditionellen Einkünfte aus den landesherrlichen Besitzungen, den Zöllen und Regalien reichten zur Finanzierung der Hofhaltung und der Landesverwaltung nicht mehr aus. Sehr gut lässt sich daher an der Regierungszeit von Philipp Julius der Übergang vom mittelalterlichen Domänen- zum frühneuzeitlichen Steuerstaat beobachten, der in der Zeit des Absolutismus seine Blüte erreichte.

Herzog Philipp Julius, Kupferstich von Nicolaus Geilkercken auf der Lubinschen Karte von 1618

Wie viele seiner fürstlichen Standesgenossen und insbesondere seiner Verwandten aus dem Greifenhaus führte auch Philipp Julius einen ungesunden Lebenswandel, in dem der Alkoholgenuss eine große Rolle spielte. 1622 erkrankte er ernsthaft und siechte in seinen letzten Jahren allmählich dahin. Den Rat der Ärzte zur Umstellung seiner Lebensweise befolgte er nicht. So starb er gerade vierzigjährig am 6. Februar 1625 in seiner Residenz in Wolgast und wurde in der herzoglichen Gruft in der Wolgaster Petrikirche beigesetzt. Seine 1604 mit Agnes von Brandenburg geschlossene Ehe blieb kinderlos. Die Witwe, die eine Halbschwester der Herzoginnen Erdmuthe und Anna Maria, Gemahlinnen der Herzöge Johann Friedrich und Barnim X., war, heiratete 1628 in zweiter Ehe Herzog Franz Karl von Sachsen-Lauenburg, starb aber bereits im Jahr darauf.

Mit Philipp Julius endete das Wolgaster Herzogshaus. Zwar stammte rein genealogisch gesehen sein Vetter und Nachfolger Bogislaw XIV. auch von den Wolgaster Herzögen ab, er behielt jedoch seine Residenz in Stettin bei. Für den Wolgaster Landesteil blieb eine gesonderte Regierung bestehen, die Volkmar Wolff von Putbus als Statthalter führte.

Der Tod von Philipp Julius wurde in ganz Pommern mit besonderer Trauer empfunden, war doch damit endgültig klar, dass das pommersche Herzogshaus aussterben würde. Dass von dem letzten noch lebenden männlichen Greifen Bogislaw XIV. keine Nachkommenschaft mehr zu erwarten war, stand für die Zeitgenossen offenbar bereits fest.

Georg II. (1582 – 1617) und Ulrich (1589 – 1622)

Die beiden jüngsten Söhne Bogislaw XIII. und Claras von Braunschweig-Lüneburg, geboren am 30. Januar 1582 bzw. 12. August 1589, genossen zwar eine ebenso sorgfältige Erziehung und Ausbildung wie ihre Brüder, teilten aber das Schicksal aller Nachgeborenen eines regierenden Hauses. Wobei allerdings gesagt werden muss, dass es vor 1600 noch nicht unbedingt sicher war, ob überhaupt einer von Bogislaws Söhnen regierender Fürst werden würde. In der brüderlichen Vereinbarung über die Verteilung der Herrschaftsrechte und Einkünfte nach dem Tod des Vaters vom Oktober 1606 erhielt Georg II. zusammen mit Bogislaw XIV. das Amt Rügenwalde, der noch minderjährige Ulrich wurde vorläufig mit einer jährlichen Leibrente von 5 000 Gulden abgefunden.

1615 beteiligten sich beide an der Belagerung von Braunschweig im Zuge der Exekution der Reichsacht durch Herzog Friedrich Ulrich von Braunschweig-Lüneburg. Ansonsten verbrachte Georg II. die meiste Zeit mit seiner Leidenschaft, der Jagd, der er rund um seine Residenz Buckow bei Rügenwalde nachging. Er bekam deswegen auch den Beinamen »Jürgen von dem Walde, zu Zanow und Buckow erbgesessen«. In mancher Hinsicht glich er seinem Onkel Kasimir VI. Wie dieser blieb auch Georg unverheiratet, frönte am liebsten seiner Leidenschaft und trank überreichliche Mengen. Diesem Umstand schrieben schon die Zeitgenossen einen großen Einfluss auf seinen frühen Tod zu. Am 17. März 1617 starb er, gerade 35 Jahre alt, in Buckow und wurde in der Stettiner Schlosskirche beigesetzt.

Ulrich erhielt nach dem Tod seines ältesten Bruders Philipp II. 1618 das Stift Cammin, welches ihm sein zweitältester Bruder

links: Herzog Georg II., auf dem Bild nach alter Zählung Georg III., Kupferstich von Nicolaus Geilkercken auf der Lubinschen Karte von 1618

rechts: Herzog Ulrich, Kupferstich von Nicolaus Geilkercken auf der Lubinschen Karte von 1618

Franz abtrat. Das seit 1606 von Franz mitverwaltete Amt Bütow wurde gegen das Amt Neustettin getauscht. Das dortige Schloss, welches bis 1616 seiner Stiefmutter Anna von Schleswig-Holstein als Witwensitz gedient hatte, wählte Ulrich zu seiner Residenz und ließ es entsprechend ausbauen. Am 7. Februar 1619 heiratete er die braunschweigische Prinzessin Hedwig. 1620 bekam er noch die Ämter Rügenwalde und Bütow von seinem Bruder Bogislaw XIV., nachdem dieser die Regierung in Stettin angetreten hatte. Ehe und Herrschaft währten jedoch nur wenige Jahre. Auf der Rückreise von einer Jagd bei Stettin erkrankte Ulrich am 26. Juli 1622 plötzlich. Ungewöhnliche Schwellungen machten eine Weiterreise nach Rügenwalde unmöglich und am 31. Oktober verstarb er in Pribbernow, einem kleinen Ort auf halbem Wege zwischen Gollnow und Cammin.

Der bei den Untertanen wegen seiner frischen offenen Lebensart sehr beliebte Fürst hinterließ keine Nachkommen. Seine

Witwe blieb bis zu ihrem Tod am 26. Juni 1650 in Neustettin. Dort machte sie sich vor allem wegen eines von ihr mitten im Dreißigjährigen Krieg 1640 gestifteten Gymnasiums einen Namen. Ulrich wurde in der Stettiner Schlosskirche beigesetzt, Hedwig in Rügenwalde.

Bogislaw XIV. (1580 – 1637)

Ausgerechnet dem mit einer sehr schwachen gesundheitlichen Konstitution ausgestatteten dritten Sohn Bogislaw XIII. und Claras von Braunschweig-Lüneburg sollte die Aufgabe zufallen, alle Landesteile Pommerns in seiner Hand zu vereinigen. Rückblickend scheint es fast wie ein letztes Signal vor dem Ende der Greifenherrschaft, dass der letzte Herzog noch einmal als Gesamtherrscher auftrat um die danach eintretende Zäsur noch deutlicher ins Bewusstsein treten zu lassen.

Nüchtern betrachtet war es natürlich nur eine simple Erbfolge, die Bogislaw aufgrund der dynastischen Wechselfälle antrat. Zunächst durchlief der am 31. März 1580 geborene Prinz die für seinesgleichen übliche Erziehung und Ausbildung. Aussicht auf ein Herrscheramt bestand für ihn kaum. Als der Vater 1606 starb, hatte er gerade eine zweijährige Kavalierstour durch Süd- und Westeuropa absolviert. In der brüderlichen Einigung vom Oktober 1606 erhielt er zusammen mit dem jüngeren Georg II. das Amt Rügenwalde. 1616 kam nach dem Tod seiner Stiefmutter Anna von Schleswig-Holstein noch deren Leibgedingeamt Neustettin hinzu. Dieses tauschte er wiederum 1618 gegen das Amt Bütow ein. Zwei Jahre später endete jedoch sein Leben als nichtregierender Fürst auf seiner Apanage.

Nach dem Tod des Bruders Franz übernahm Bogislaw XIV. 1620 die Regierung in Stettin. 1622 folgte er nach dem Tod seines jüngsten Bruders Ulrich diesem in der Regierung des Stiftes Cammin. Und 1625 musste er auch noch seinen Vetter Philipp Julius in Wolgast zu Grabe tragen und dessen Nachfolge in den vorpommerschen Landesteilen antreten. Der Gedanke, die nun unter einem Herrscher wiedervereinten Landesteile von einer Landesregierung zu verwalten, scheiterte am Widerstand der Landstände. Zu sehr hatten sich die Teilherrschaften in den vergangenen Jahrzehnten auseinanderentwickelt. Die Bildung eines Geheimen Rates, bestehend aus Vertretern aller drei Landesregierungen, war alles, was 1627 zustande kam. Aber vielleicht fehlte einfach nur die Zeit, waren die äußeren Umstände zu ungünstig, als dass sich die innere Einheit des Landes wieder herstellen ließ.

Bogislaws Hauptaufgabe nach 1625 war die Bewältigung der übernommenen Schuldenlast. Vielfach blieb kein anderer Weg als die Verpfändung des herzoglichen Grundbesitzes an die Gläubiger oder neue Kreditgeber. Doch rasch wurde Pommern von der allgemeinen politischen Entwicklung eingeholt. Bislang hatten die Herzöge sich aus den konfessionellen Streitigkeiten, die seit Anfang des 17. Jahrhunderts wieder zugenommen hatten, herausgehalten. In dem seit 1618 tobenden Dreißigjährigen Krieg verhielten sie sich ebenfalls neutral und bemühten sich um Treue zum Kaiser als Reichsoberhaupt. Die streitenden Parteien nahmen darauf jedoch wenig Rücksicht. Hinzu kam ein weiterer Kriegsschauplatz im östlichen Ostseeraum, wo Schweden und Polen miteinander rangen. Eine 1626 von Schweden verlangte Erlaubnis zu einem Truppendurchmarsch wurde zwar verweigert, aufhalten konnte man die trotzdem durchs Land ziehenden Söldner nicht. Die Musterung des Landesaufgebots, die Besichtigung der Landesgrenzen und die kurzzeitige Anwerbung von Soldaten blieben nur Episode und angesichts der sich abzeichnenden Dimensionen des Krieges völlig unzureichende Maßnahmen. Nach der Niederlage des dänischen Königs gegen die Truppen von Liga und Kaiser besetzten diese Norddeutschland. Im Herbst 1627 standen sie auch an Pommerns Grenzen. Bogislaw XIV. war gezwungen, in der Franzburger Kapitulation vom 10. November 1627 der Einquartierung von zunächst acht kaiserlichen Regimentern zuzustimmen. Nur Stralsund weigerte sich und widerstand mit dänischer und schwedischer Hilfe im Frühsommer 1628 der Belagerung durch Wallenstein.

War diese Einquartierung schon bedrückend genug, so steigerten sich die Kriegslasten ab Sommer 1630, nachdem Ende Juni schwedische Truppen unter Gustav II. Adolf auf Usedom gelandet

Herzog Bogislaw XIV., Ölgemälde eines unbekannten Künstlers von 1632

waren, kurz darauf Stettin besetzt und bis Sommer 1631 alle Stützpunkte der Kaiserlichen in Pommern erobert hatten. Statt der kaiserlichen waren nun die schwedischen Truppen zu versorgen. Das Verhältnis der Eroberer zu den Besetzten wurde durch die Stettiner Allianz vom 10. Juli 1630 geregelt. Dieser Vertrag sicherte einerseits Pommern den militärischen Schutz Schwedens zu, war aber andererseits eine Herausforderung für Brandenburg. Es war inzwischen allen klar, dass mit Bogislaw XIV. das Greifenhaus aussterben würde. Entsprechend des Grimnitzer Vertrages von 1529 würde in diesem Fall Brandenburg das Erbe antreten. Schweden behielt sich aber vor, Pommern erst nach Bezahlung aller Unkosten herauszugeben. Der spätere, für Pommern so verhängnisvolle Streit war vorprogrammiert.

Bogislaw XIV. versuchte wegen seiner schwächlichen Konstitution wenigstens einen Teil der Regierungslast abzugeben. 1630 bestimmte er seinen Neffen Ernst Bogislaw von Croy, einziger Sohn seiner jüngsten Schwester Anna, zum Nachfolger als Bischof von Cammin. 1633 erlitt er einen Schlaganfall, der ihn nahezu handlungsunfähig machte. Die Regimentsform von 1634, eine Art Landesverfassung, sollte der Situation Rechnung tragen und das Land regierbar halten. Im selben Jahr vollendete Bogislaw XIV. seine bereits mit einer Schenkung von 1626 begonnene Übertragung des Amtes Eldena an die Universität Greifswald. Wenn auch aus der damaligen finanziellen Not geboren und von den Universitätsangehörigen zunächst sehr skeptisch gesehen, sicherte diese Schenkung letztlich das Überleben der Hohen Schule.

Am 10. März 1637 starb Bogislaw XIV. in Stettin. Mit seiner Gemahlin Elisabeth von Schleswig-Holstein hatte er keine Kinder. Da wegen des sofort ausgebrochenen Streites zwischen Schweden und Brandenburg über Jahre kein sicherer Erbe vorhanden war, blieb sein Leichnam viele Jahre unbestattet. Erst nach dem Friedensschluss von 1648 und den sich anschließenden Grenzverhandlungen, die 1653 mit dem Stettiner Grenzrezess endeten, fanden sich am 24. Mai 1654 Vertreter Brandenburgs und Schwedens zu einer gemeinsamen Zeremonie in Stettin ein und trugen den letzten männlichen Vertreter des Greifenhauses zu Grabe. Damit hatte man auch symbolisch die Herrschaft der Greifen und die Unabhängigkeit des Landes beendet. Die Witwe Bogislaws erlebte dies nicht mehr. Sie war am 21. Dezember 1653 auf ihrem Witwensitz Rügenwalde gestorben und dort beigesetzt worden.

LITERATURVERZEICHNIS

1. Allgemeines und Übergreifendes zur Geschichte Pommerns und der Greifen

Oliver Auge, Die pommerschen Greifen als Fürsten von Rügen und Herzöge von Barth, in: Melanie Ehler / Matthias Müller (Hrsg.), Unter fürstlichem Regiment. Barth als Residenz der pommerschen Herzöge, Berlin 2005, S. 13 – 30.
ders., Selbstverständnis und Erinnerungskultur der Herzöge von Pommern um 1500, in: Baltische Studien, NF 93 (2007), S. 7 – 28.
ders., Handlungsspielräume fürstlicher Politik im Mittelalter. Der südliche Ostseeraum von der Mitte des 12. Jahrhunderts bis in die frühe Reformationszeit (Mittelalterforschungen, Bd. 28), Ostfildern 2009.
Friedrich Wilhelm Barthold, Geschichte von Rügen und Pommern, 4 Teile, Hamburg 1839 – 1845.
Ulrich von Behr-Negendank / Julius von Bohlen-Bohlendorf (Hrsg.), Die Personalien und Leichen-Processionen der Herzoge von Pommern und ihrer Angehörigen aus den Jahren 1560 – 1663, Halle 1869.
Hellmuth Bethe, Die Bildnisse des pommerschen Herzogshauses, in: Baltische Studien, NF 39 (1937), S. 71 – 99.
ders., Die Kunst am Hofe der pommerschen Herzöge, Berlin 1937.
Ludwig Biewer, Die Geschichte des pommerschen Greifenwappens. Ein Beitrag zur Staatssymbolik in den neuen Bundesländern, in: Baltische Studien, NF 79 (1993), S. 44 – 57.

Herrmann Bollnow, Die pommerschen Herzöge und die heimische Geschichtsschreibung, in: Baltische Studien, NF 39 (1937), S. 1 – 35.

Zygmunt Boras, Książęta Pomorza Zachodniego. Z dziejów dynastii Gryfitów [Die Herzöge von Westpommern. Aus der Geschichte der Greifendynastie], (Biblioteka Słupska 19), Poznań 1968.

Hans Branig, Geschichte Pommerns, Teil 1: Vom Werden des neuzeitlichen Staates bis zum Verlust der staatlichen Selbstständigkeit 1300 – 1648. Bearbeitung und Einführung von Werner Buchholz (Veröffentlichungen der Historischen Kommission für Pommern, Reihe 5, Bd. 22,1), Köln / Weimar / Wien 1997.

Werner Buchholz (Hrsg.), Pommern (Deutsche Geschichte im Osten Europas 9), Berlin 1999.

Norbert Buske, Wappen, Farben und Hymnen des Landes Mecklenburg-Vorpommern. Eine Erläuterung der neuen Hoheitszeichen verbunden mit einem Gang durch die Geschichte der beiden Landesteile, dargestellt an der Entwicklung ihrer Wappenbilder. Mit Aufnahmen von Thomas Helms, Bremen 1993.

ders., Pommern. Territorialstaat und Landesteil von Preußen, Schwerin 1997.

Norbert Buske / Sabine Bock, Wolgast. Herzogliche Residenz und Schloss. Kirchen und Kapellen. Hafen und Stadt, Schwerin 1995.

Norbert Buske / Joachim Krüger / Ralf-Gunnar Werlich (Hrsg.), Die Herzöge von Pommern. Zeugnisse der Herrschaft des Greifenhauses (Veröffentlichungen der Historischen Kommission für Pommern, Reihe 5, Bd. 45), Köln / Weimar / Wien 2012.

Fritz Curschmann, Die Landesteilungen Pommerns im Mittelalter und die Verwaltungseinteilung der Neuzeit, in: Pommersche Jahrbücher 12 (1911), S. 159 – 337, auch separat erschienen.

ders., Das pommersche Wappen, in: Unser Pommerland 22 (1937), Heft 2 / 3, S. 11 – 17.

Melanie Ehler / Matthias Müller (Hrsg.), Unter fürstlichem Regiment. Barth als Residenz der pommerschen Herzöge, Berlin 2005.

Otto Fock, Rügensch-pommersche Geschichten aus sieben Jahrhunderten, 6 Bde., 1861 – 1872.

Rudolf Hanncke, Cöslin und die letzten Caminer Bischöfe aus herzoglichem Stamme, in: Baltische Studien XXX. Jg. (1880), S. 1 – 56.

Hellmut Hannes, Auf den Spuren der Greifenherzöge in Pommern, in: Baltische Studien, NF 67 (1981), S. 7 – 25.

ders., Auf den Spuren des Greifengeschlechtes jenseits der pommerschen Grenzen, in: Baltische Studien, NF 72 (1986), S. 36 – 82.

ders., Auf den Spuren des Greifengeschlechtes in Dänemark, in: Baltische Studien, NF 74 (1988), S. 7 – 28.

Fritz Hasenritter, Die pommerschen Hofordnungen als Quellen für die Hof- und Landesverwaltung, in: Baltische Studien, NF 39 (1937), S. 147 – 182.

Otto Heinemann, Die kaiserlichen Lehnsurkunden für die Herzoge von Pommern. in: Baltische Studien, NF 3 (1899), S. 159 – 185.

Adolf Hofmeister, Genealogische Untersuchungen zur Geschichte des pommerschen Herzogshauses, Teil 1 in: Pommersche Jahrbücher 31 (1937), S. 35 – 112, Teil 2 in: Pommersche Jahrbücher 32 (1938), S. 1 – 115, zusammen auch separat erschienen als: Greifswalder Abhandlungen zur Geschichte des Mittelalters 11), Greifswald 1938.

ders., Aus der Geschichte des pommerschen Herzogshauses (Greifswalder Universitätsreden 48), Greifswald 1938.

ders., Die Zählung der pommerschen Herzöge, in: Monatsblätter, hrsg. v. d. Gesellschaft für pommersche Geschichte und Altertumskunde, 51. Jg. (1937), S. 52 – 64.

Herbert Koch, Beiträge zur innerpolitischen Entwicklung des Herzogtums Pommern im Zeitalter der Reformation (= Pommern einst und jetzt 3), Greifswald 1939.

Janina Kochanowska, Kultura artystczna na dworze książat szczecińskich w XVI. wieku [Die Kunst am Hof der Stettiner Herzöge im 16. Jahrhundert], Szczecin 1996.

Karl-Otto Konow, Bildnisse von Mitgliedern des pommerschen Herzogshauses in Dänemark. Kunstwerke in den Kirchen von Sorö und Nyköbing / Falster, in: Baltische Studien, NF 70 (1984), S. 31 – 44.

Kazimierz Koslowski / Jerzy Podralsky, Gryfici. Książęta Pomorza Zachodniego [Die Greifen. Herzöge von Westpommern], Szczecin 1985.

Kunstpflege in Pommern. Sonderausstellung alter Kunstwerke, Urkunden und Drucke zum Gedächtnis an das 1637 erloschene Greifengeschlecht (Ausstellungskatalog), Stettin 1937.

Günter Linke, Die pommerschen Landesteilungen des 16. Jahrhunderts, Teil 1 in: Baltische Studien, NF 37 (1935), S. 1 – 70, Teil 2 in: Baltische Studien, NF 38 (1936), S. 97 – 191, auch zusammen als Separatdruck erschienen.

Julius Theodor Müller, Beiträge zur Geschichte der Kunst und ihrer Denkmäler in Pommern, in: Baltische Studien XX. Jg., H. 1 (1864), S. 108 – 148.

ders., Neue Beiträge zur Geschichte der Kunst und ihrer Denkmäler in Pommern, in: Baltische Studien XXVIII. Jg. (1878), S. 1 – 62.

ders., Weitere Beiträge zur Geschichte der Kunst und ihrer Denkmäler in Pommern, in: Baltische Studien XXXVI. Jg. (1886), S. 69 – 80.

Paul von Niessen, Die staatsrechtlichen Verhältnisse Pommerns in den Jahren 1180 – 1214, in: Baltische Studien, NF 17 (1913), S. 233 – 309.

Jürgen Petersohn, Anfänge und Frühzeit der Greifenmemoria, in: Werner Buchholz, Günter Mangelsdorf (Hrsg.), Land am Meer. Pommern im Spiegel seiner Geschichte – Roderich Schmidt zum 70. Geburtstag (Veröffentlichungen der Historischen Kommission für Pommern, Reihe 5, Bd. 29), Köln / Weimar / Wien 1995, S. 85 – 110.

Jan M. Piskorski (Hrsg.), Pommern im Wandel der Zeiten, Szczecin 1999.

Gerhard Renn, Die Bedeutung des Namens »Pommern« und die Bezeichnungen für das heutige Pommern in der Geschichte (Greifswalder Abhandlungen zur Geschichte des Mittelalters 8), Greifswald 1937.

Theodor Pyl, Die Entwicklung des pommerschen Wappens im Zusammenhang mit den pommerschen Landestheilungen (Pommersche Geschichtsdenkmäler 7), Greifswald 1894.

Edward Rymar, Rodowod książąt pomorskich [Genealogie der Herzöge von Pommern], 2 Bde., Szczecin 1995.

Christoph Schley / Helga Wetzel, Die Greifen. Pommersche Herzöge 12. bis 17. Jahrhundert (Ausstellungskatalog), Kiel 1996.

Roderich Schmidt, Artikel »Greifen« in: NDB, Bd. VII (1966), S. 29 – 33.

ders., Artikel »Greifen« in: Lexikon des Mittelalters, Bd. IV (1989), Sp. 1694f.

ders., Pommern, Cammin, in: Anton Schindling, Walter Ziegler (Hrsg.): Die Territorien des Reichs im Zeitalter der Reformation und der Konfessionalisierung. Land und Konfession 1500 – 1650, Bd. 2: Der Nordosten, S. 182 – 205.

ders., Artikel »Pommern« in: Lexikon des Mittelalters, Bd. VII (1995), Sp. 84 – 86.

ders., Bildnisse pommerscher Herzöge des 15. bis 17. Jahrhunderts, in: Pommern. Kultur und Geschichte, 34. Jg. (1996), Heft 3, S. 1 – 31.

ders., Geschichtliche Einführung Pommern, in: Handbuch der Historischen Stätten Deutschlands 12: Mecklenburg / Pommern, Stuttgart 1996, S. XXXIII – LII.

Martin Spahn, Verfassungs- und Wirtschaftsgeschichte des Herzogthums Pommern von 1478 bis 1625 (Staats- und socialwissenschaftliche Forschungen 14 / 1), Leipzig 1896.

Max v. Stojentin, Aus Pommerns Herzogstagen. Kulturgeschichtliche Bilder aus den letzten 100 Jahren pommerscher Selbständigkeit, Stettin 1903.

Franz H. Viergutz, Von Finanzwesen und Hofhaltung der pommerschen Herzöge, in: Unser Pommerland, 22. Jg. (1937), Heft 1 / 2, S. 51 – 58.

Martin Wehrmann, Die Söhne des Herzogs Philipp I. von Pommern auf der Universität zu Greifswald, in: Baltische Studien, NF 19 (1906), S. 33 – 66.

ders., Geschichte von Pommern, 2 Bde., 2. Aufl., Gotha 1919 / 1921, Neudruck Würzburg 1982.

ders., Die Begräbnisstätten der Angehörigen des pommerschen Herzogshauses, in: Baltische Studien, NF 39 (1937), S. 100 – 118.

ders., Genealogie des pommerschen Herzogshauses (Veröffentlichungen der landesgeschichtlichen Forschungsstelle für Pommern, Reihe 1, Bd. 5), Stettin 1937.

ders., Vom pommerschen Herzogshause. Zur Erinnerung an seinen Ausgang vor 300 Jahren, in: Unser Pommerland 22 (1937), Heft 1 / 2, S. 1 – 6.

Ralf-Gunnar Werlich, Greifen, in: Höfe und Residenzen im spätmittelalterlichen Reich. Ein dynastisch-topographisches Handbuch (Residenzenforschung 15 / 1), Ostfildern 2003, S. 74 – 84.

ders., Pommern, in: Höfe und Residenzen im spätmittelalterlichen Reich. Ein dynastisch-topographisches Handbuch (Residenzenforschung 15 / 1), Ostfildern 2003, S. 871 – 880.

ders., Barth, in: ebenda, S. 37 – 39; Rügenwalde, in: ebenda, S. 503 – 505; Stettin, in: ebenda, S. 554 – 556; Stolp, in: ebenda, S. 557 – 559; Wolgast, in: ebenda, S. 642 – 643.

ders., Dynastie und Genealogie – Stammbäume der Greifen, in: Melanie Ehler / Matthias Müller (Hrsg.), Unter fürstlichem Regiment. Barth als Residenz der pommerschen Herzöge, Berlin 2005, S. 149 – 185.

2. Biografische Artikel in Nachschlagewerken (nur selbständige Artikel)

Allgemeine Deutsche Biographie (ADB)
Bd. 2 (1875), S. 71 – 82: Barnim I., Barnim III., Barnim VI., Barnim VII., Barnim VIII., Barnim IX. (XI.).
Bd. 3 (1876), S. 41 – 58: Bogislaw I., Bogislaw (III.) IV., Bogislaw V. (mit Barnim IV. und Wartislaw V.), Bogislaw VI (mit Wartislaw VI.), Bogislaw VIII., Bogislaw X., Bogislaw XIII., Bogislaw XIV.
Bd. 4 (1876), S. 53 – 54: Kasimir I.
Bd. 6 (1877), S. 206 – 211: Erich I., Erich II., S. 298 – 300: Ernst Ludwig.
Bd. 7 (1878), S. 292 – 293: Franz I.
Bd. 14 (1881), S. 317 – 321: Johann Friedrich.

Bd. 24 (1887), S. 719 – 723: Otto I., Otto III.
Bd. 25 (1887), S. 785 – 787: Otto II. (mit Kasimir VI.).
Bd. 26 (1888), S. 31 – 43: Philipp I., Philipp II., Philipp Julius.
Bd. 41 (1896), S. 207 – 214: Wartislaw I., Wartislaw II., Wartislaw IV., Wartislaw IX., Wartislaw X.
Bd. 54 (1906), S. 640 – 641: Swantibor III.

Neue Deutsche Biographie (NDB)
Bd. 1 (1953), S. 594 – 596: Barnim I., Barnim III., Barnim IX. (XI.).
Bd. 2 (1955), S. 416 – 419: Bogislaw I., Bogislaw IV., Bogislaw V., Bogislaw VIII., Bogislaw X., Bogislaw XIII., Bogislaw XIV.
Bd. 4 (1959), S. 586 – 588: Erich I., Erich II., S. 619 – 620: Ernst Ludwig.
Bd. 6 (1964), S. 223 – 224: Georg I.
Bd. 11 (1977), S. 316 – 317: Kasimir IV.

Lexikon des Mittelalters
Bd. 1 (1980), Sp. 1 475 – 1 476: Barnim I., Barnim III.
Bd. 2 (1983), Sp. 324 – 328: Bogislaw I., Bogislaw IV., Bogislaw VIII., Bogislaw IX., Bogislaw X.
Bd. 3 (1986), Sp. 2 141 – 2 145: Erich I., Erich II.
Bd. 5 (1991), Sp. 1 033 – 1 034: Kasimir I., Kasimir IV.
Bd. 8 (1997), Sp. 2 058 – 2 059: Wartislaw I., Wartislaw VII.

3. Arbeiten zu einzelnen Vertretern des Greifengeschlechts in Auswahl

Heinz Barüske, Erich von Pommern. Ein nordischer König aus dem Greifengeschlecht, Rostock 1997.
Ludwig Biewer, Skandinavien und Pommern im frühen 15. Jahrhundert. Die Zeit des nordischen Unionskönigs Erich von Pommern, in: Baltische Studien, NF 83 (1997), S. 31 – 42.
ders., Erich I. von Pommern-Stolp, in: Ostdeutsche Gedenktage 2009. Persönlichkeiten und historische Ereignisse, Bonn 2010, S. 13 – 21.

Heidelore Böcker, Barnim I., in: Eberhard Holtz / Wolfgang Huschner (Hrsg.), Deutsche Fürsten des Mittelalters. Fünfundzwanzig Lebensbilder, Leipzig 1995, S. 292 – 304.

dies., Bogislaw X., in: Eberhard Holtz / Wolfgang Huschner (Hrsg.), Deutsche Fürsten des Mittelalters. Fünfundzwanzig Lebensbilder, Leipzig 1995, S. 383 – 408.

Gottfrid Carlsson, König Erich von Pommern und sein baltischer Imperialismus, in: Baltische Studien, NF. 40 (1938), S. 1 – 17.

Fritz Curschmann, Die Belehnung Herzog Bogislaws I. von Pommern im Lager vor Lübeck (1181), in: Pommersche Jahrbücher 31 (1937), S. 5 – 33.

Ute Essegern, Zur Werbung ich itzo mich gentzlich entschloßen. Die Eheschließung zwischen Herzog Franz von Pommern-Stettin (1577 – 1620) und Sophia von Sachsen (1587 – 1635), in: Pommern. Zeitschrift für Kultur und Geschichte, 43. Jg. (2005), Heft 1, S. 27 – 35.

Rudolf Hanncke, Neue Materialien zur Geschichte der Bischofherzöge Casimir und Franz, in: Baltische Studien XXXVI. Jg. (1866), S. 366 – 368.

Otto Heinemann, Zur Geschichte Herzog Barnims III. Ein Beitrag zur Genealogie des pommerschen Herzogshauses, in: Baltische Studien, NF 6 (1902), S. 132 – 149.

Adolf Hofmeister, Herzog Swantibor von Barth und Rügen und die angebliche Teilung von 1435, in: Pommersche Jahrbücher 30 (1936), S. 127 – 157.

ders., Wartislaw der Junge von Wolgast und die angebliche Belehnung von 1415, in: Monatsblätter, hrsg. v. d. Gesellschaft für pommersche Geschichte und Altertumskunde, 50. Jg. (1936), S. 147 – 151.

ders., Zur Geschichte König Erichs von Pommern und seiner Schwester Katharina, in: Pommersche Jahrbücher 32 (1938), S. 118 – 125.

ders., Wann sind Herzog Barnim VII. und Barnim VIII. gestorben?, in: Monatsblätter, hrsg. v. d. Gesellschaft für pommersche Geschichte und Altertumskunde, 53. Jg. (1939), S. 161 – 166.

Karl-Otto Konow, Die Bildnisse Herzog Bogislavs X., in: Baltische Studien, NF 60 (1974), S. 61 – 73.

ders., Bogislaw-Studien. Beiträge zur Geschichte Herzog Bogislaws X. von Pommern um die Wende vom 15. zum 16. Jahrhundert (Schriften der J. G. Herder-Bibliothek Siegerland e. V. 35), Siegen 2003.

Dietmar Lucht, Die Städtepolitik Herzog Barnims I. von Pommern 1220 – 1278 (Veröffentlichungen der Historischen Kommission für Pommern, Reihe 5, Bd. 10), Köln / Graz 1965.

ders., Die Außenpolitik Herzog Barnims I. von Pommern, in: Baltische Studien, NF 51 (1965), S. 15 – 32.

ders., Herzog Wartislaw III., in: Baltische Studien, NF 53 (1967), S. 13 – 17.

ders., War Bogislaw I. Reichsfürst?, in: Baltische Studien, NF 54 (1968), S. 26 – 30.

Jens E. Olesen, Die ersten Jahre König Erichs von Pommern in Skandinavien, in: Pommern. Geschichte – Kultur – Wissenschaft. 3. Kolloquium zur Pommerschen Geschichte 13. – 14. Oktober 1993 »Pommern im Reich und Europa«, hrsg. v. Horst Wernicke und Ralf Gunnar Werlich, Greifswald 1996, S. 89 – 99.

ders., Erich von Pommerns Alleinherrschaft 1412 – 1439 / 40, in: Detleff Kattinger, Dörte Putensen, Horst Wernicke (Hrsg.), »huru thet war talet j kalmarn«. Union und Zusammenarbeit in der Nordischen Geschichte – 600 Jahre Kalmarer Union (1397 – 1997) (Greifswalder Historische Studien, Bd. 2), Hamburg 1997, S. 199 – 239.

ders., Ein Fürst aus Pommern als Unionskönig Skandinaviens 1389 – 1439, in: Mare Balticum 2000, S. 77 – 88.

Jürgen Petersohn, Reichspolitik und pommersche Eigenstaatlichkeit in der Bamberger Stiftung Herzog Barnims III. zu Ehren des hl. Otto (1339), in: Baltische Studien, NF 49 (1962 / 63), S. 19 – 38.

Karl von Rosen, Das Grabmal Heinrich (sic!) Barnims VI. in der Wallfahrtskirche zu Kenz, in: Baltische Studien XX. Jg., H. 1 (1864), S. 84 – 107.

Dirk Schleinert, Die Hochzeit des Herzogs Ernst Ludwig von Pommern-Wolgast mit Sophia Hedwig von Braunschweig-Wolfenbüttel im Jahre 1577, in: Pommern. Geschichte und Kultur, 37. Jg. (1999), H. 4, S. 7 – 15.

ders., Das Stammbuch Herzog Philipps II. von Pommern (Findbücher, Inventare und kleine Schriften des Landeshauptarchivs Schwerins, Bd. 10), Schwerin 2004.

ders., Die zweite Hochzeit Herzog Georgs I. von Pommern mit Margarete von Brandenburg im Januar 1530 in Berlin. Kommentierte Edition zeitgenössischer Quellen, in: Baltische Studien. Pommersche Jahrbücher für Landesgeschichte NF 94 (2009), S. 55 – 70.

Roderich Schmidt, Die Torgauer Hochzeit 1536. Die Besiegelung des Bundes zwischen Pommern und Sachsen in der Reformation. Mit unveröffentlichten Briefen des Pommerschen Rats Jobst von Dewitz, in: Solange es »heute« heißt. Festgabe Rudolf Hermann zum 70. Geburtstag, Berlin 1957, S. 236 – 250.

Martin Wehrmann, Die große Reise des Herzogs Georg III. 1608 – 1610, in: Monatsblätter, hrsg. v. d. Gesellschaft für Pommersche Geschichte und Altertumskunde, 28. Jg.(1914), Nr. 9, S. 133 – 143.

ders., Herzog Philipp Julius von Pommern-Wolgast, in: Unser Pommerland, 10. Jg. (1925), Heft 3, S. 102 – 104.

Ralf-Gunnar Werlich, Bogislaw IX. von Pommern-Stolp – ein Pommer in den dynastischen Plänen der nordischen Reiche in der ersten Hälfte des 15. Jahrhunderts, in: Pommern. Geschichte – Kultur – Wissenschaft. 2. Kolloquium zur Pommerschen Geschichte 13. und 14. September 1991, hrsg. v. Hans-Jürgen Zobel und Horst Wernicke, Greifswald 1991, S. 37 – 58.

STAMMTAFELN

Die Stammtafeln dienen nur der ersten Orientierung und enthalten der besseren Übersichtlichkeit wegen nur die männlichen Angehörigen.

Stammtafel 1: Die Greifen bis zur Landesteilung von 1295

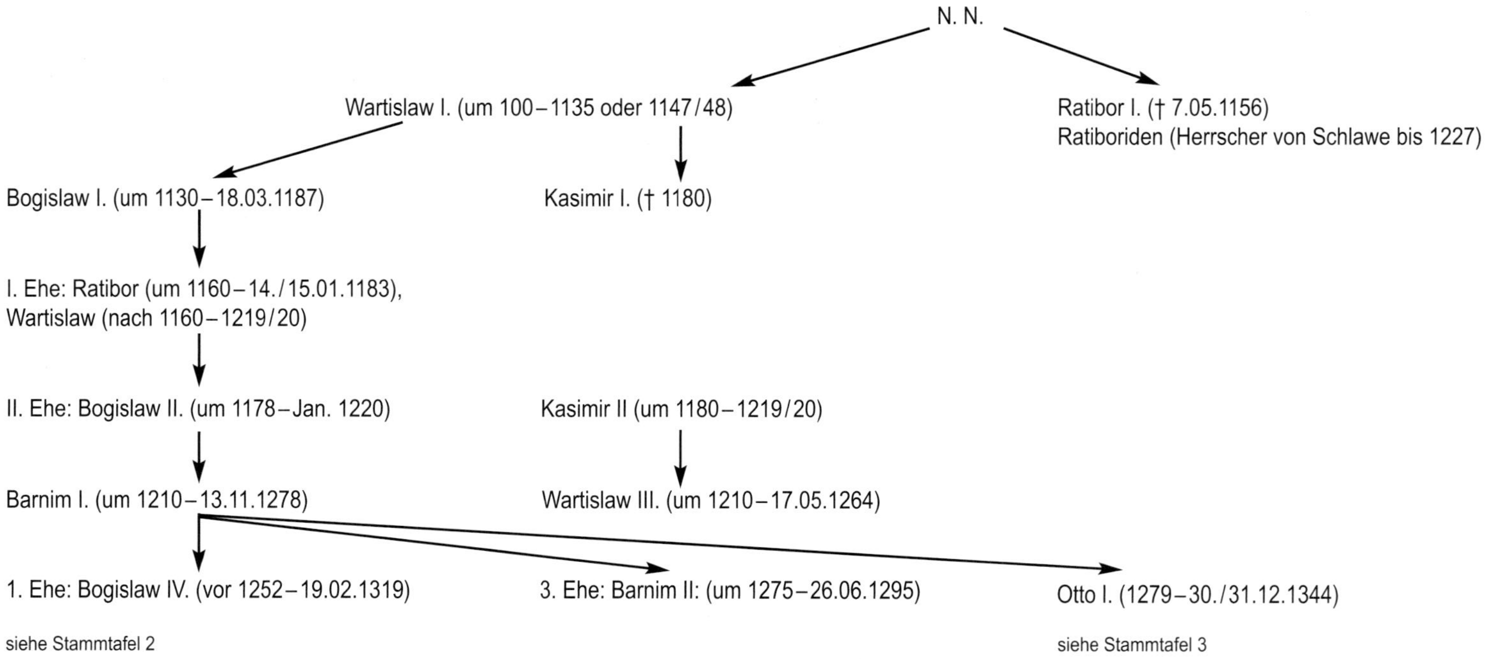

Wartislaw I. (um 100–1135 oder 1147/48) — N. N. → Ratibor I. († 7.05.1156) Ratiboriden (Herrscher von Schlawe bis 1227)

Kasimir I. († 1180)

Bogislaw I. (um 1130–18.03.1187)

I. Ehe: Ratibor (um 1160–14./15.01.1183), Wartislaw (nach 1160–1219/20)

Kasimir II (um 1180–1219/20)

II. Ehe: Bogislaw II. (um 1178–Jan. 1220)

Wartislaw III. (um 1210–17.05.1264)

Barnim I. (um 1210–13.11.1278)

3. Ehe: Barnim II: (um 1275–26.06.1295)

Otto I. (1279–30./31.12.1344)
siehe Stammtafel 3

1. Ehe: Bogislaw IV. (vor 1252–19.02.1319)
siehe Stammtafel 2

Bogislaw IV. (vor 1252–19.02.1309)

Wartislaw IV. (um 1290–1.08.1326)

Barnim IV. (um 1325–22.08.1365) → Wartislaw V. (ca. 1.11.1326–1390)

Bogislaw V. (um 1318–1373/74)

Barnim V.
1369
1402/03

Wartislaw VI.
um 1345
13.06.1394

Bogislaw VI.
um 1350
7.03.1393

Wartislaw VIII.
1373
20./23.08.(?)1415

Kasimir IV.
um 1345
2.01.1377

Wartislaw VII.
?
vor 24.02.1395

Bogislaw VIII.
um 1364
11.02.1418

Barnim VI.
um 1365
22.09.1405

Swantibor II.
um 1408/10
zw. 05.1432 und 04.1436

Erich I.
1382
vor 4.04.1459

Bogislaw IX.
um 1407
7.12.1405

Wartislaw
?
zw. 11.1414 und 08.1415

Barnim VIII.
1405/07
12.1451

Barnim VII.
um 1403/05
zw. 21.07. und 20.12.1451

Wartislaw IX.
um 1400
17.04.1457

Wartislaw X.
um 1435
17.12.1478

Christoph
lebte 1449/50
jung. gest.

Erich II,
um 1425
5.07.1474

Kasimir
um 1455
8./15.09.1474

Barnim
nach 1465
1474

Wartislaw
nach 1465
1475

Swantibor
um 1454
nach 3.05.1464

Ertmar
um 1455
nach 3.05.1464

Bogislaw X.
3.06.1454
5.10.1523

siehe Stammtafel 4

Stammtafel 3: Die Herzöge von Pommern-Stettin von 1295 bis 1464

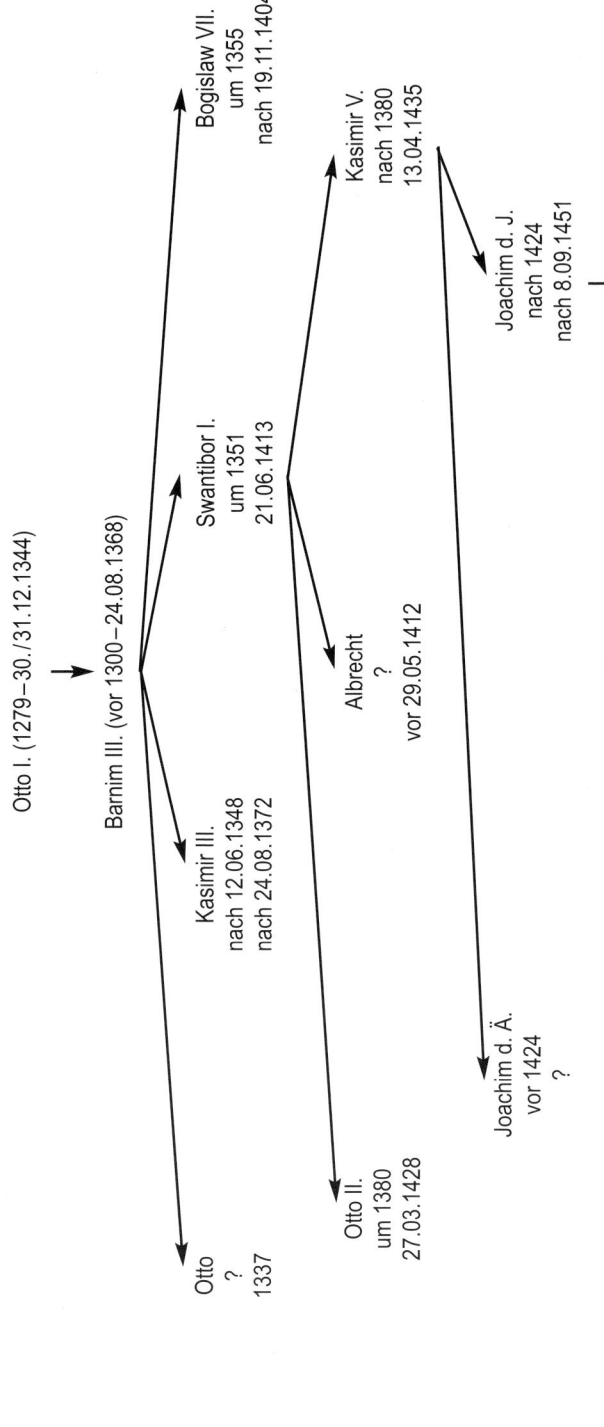

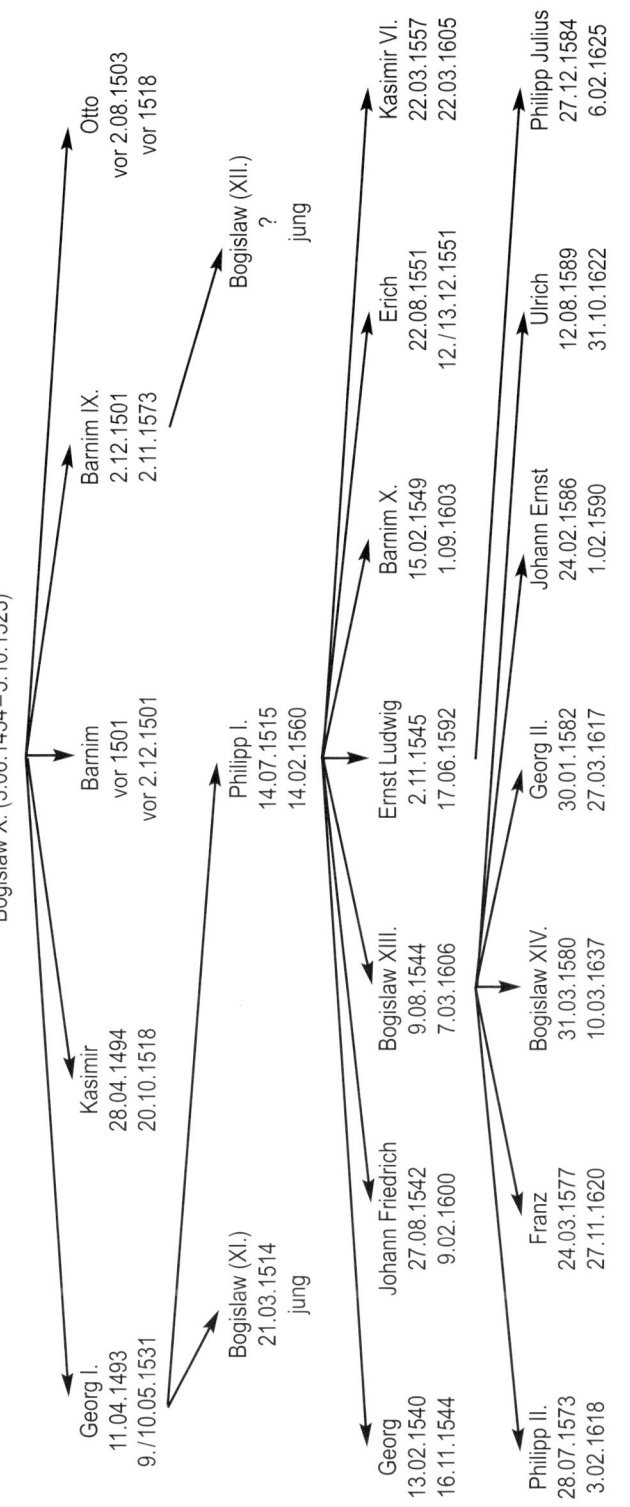

ZEITTAFEL

1121/22	Eroberung des Odermündungsgebietes und Stettins durch Herzog Boleslaw III. von Polen
1124/25	Erste Missionsreise Ottos von Bamberg nach Pommern
ab 1125	Eroberung der lutizischen Siedlungsgebiete durch Polen und Pommern
1128	Zweite Missionsreise Ottos von Bamberg nach Pommern
1140	Stiftung eines pommerschen Bistums mit Sitz in Wollin, später Grobe / Usedom und Cammin
1147	Wendenkreuzzug, ein Teilzug bis vor Stettin
1153	Gründung des Klosters Stolpe an der Peene
1155	Gründung des Klosters Grobe bei Stadt Usedom, ab 1308 in Pudagla
1168	Unterwerfung der Rügenslawen durch König Waldemar I. von Dänemark mit Hilfe der Pommernherzöge
1181	Belehnung Bogislaw I. durch Kaiser Friedrich I. Barbarossa im Heerlager vor Lübeck
1185	Unterwerfung Bogislaw I. unter dänische Lehnshoheit
ab ca. 1220	Vermehrte Einwanderung deutschstämmiger Siedler in das Herrschaftsgebiet der Pommernherzöge
1227	Schlacht bei Bornhoeved, Ende der dänischen Vorherrschaft im südlichen Ostseeraum
1231	Übertragung der Lehnshoheit über Pommern durch Kaiser Friedrich II. an die Markgrafen von Brandenburg

1234	Verleihung des lübischen Stadtrechts an Stralsund
1236	Vertrag von Kremmen, Anerkennung der brandenburgischen Lehnshoheit durch Wartislaw III. und Verlust der Länder Stargard, Beseritz und Wustrow (im Wesentlichen das spätere Mecklenburg-Strelitz ohne das Stift Ratzeburg)
1236	Verlust des größten Teils von Zirzipanien an die mecklenburgischen Fürsten
1243	Verleihung magdeburgischen Stadtrechts an Stettin
1248	Erwerb des halben Landes Kolberg gegen das Land Stargard in Hinterpommern durch den Bischof von Cammin, Entstehung des Stiftsgebietes
1250	Vertrag von Hohenlandin, Verzicht Barnim I. auf die Uckermark gegen Aufgabe der brandenburgischen Erbansprüche, aber Anerkennung der brandenburgischen Lehnshoheit
1250	Verleihung des lübischen Stadtrechts an Greifswald
ab ca. 1250	Entstehung der Städtehanse
1283	Landfriedensbündnis mehrerer norddeutscher Fürsten und Hansestädte gegen Brandenburg
1295	Teilung des Herzogtums Pommerns unter die Söhne Barnim I. in die Wolgaster und Stettiner Teilherrschaft bei Anerkennung der gegenseitigen Erbfolge
1317	Erwerb der Länder Schlawe, Stolp und Rügenwalde durch Wartislaw IV.
1319	Aussterben der askanischen Markgrafen von Brandenburg
1325	Aussterben der Rügenfürsten, Anfall des Fürstentums an Pommern-Wolgast
1326–1328	Erster Rügischer Erbfolgekrieg zwischen Pommern und Mecklenburg
1332	Erste Schlacht am Kremmer Damm zwischen Pommern und Brandenburg, Sieg Barnim III.
1338	Belehnung Otto I. und Barnim III. durch Kaiser Ludwig von Bayern unter Anerkennung der brandenburgischen Erbfolge, aber Aufgabe der brandenburgischen Lehnshoheit

1348	Belehnung aller pommerschen Herzöge zur gesamten Hand durch Kaiser Karl IV. und Aufhebung der brandenburgischen Erbansprüche
1351–1354	Zweiter Rügischer Erbfolgekrieg
1351	Schlacht auf dem Schoppendamm vor Loitz, Sieg der Pommern über die Mecklenburger
1354	Frieden von Stralsund, Verzicht Mecklenburgs auf seine Ansprüche an das rügische Erbe
1354	Friedensvertrag zwischen Brandenburg und Pommern-Stettin, Letzteres erhält die östliche Uckermark
1359	Verpfändung von Pasewalk und der Schlösser Alt und Neu Torgelow durch Brandenburg an Pommern-Wolgast
1368/72	Teilung von Pommern-Wolgast in Pommern-Wolgast und Pommern-Stolp
1370	Frieden von Stralsund, Sieg der Hanse über Dänemark
1397	Erich von Pommern zum König der Kalmarer Union
1412	Zweite Schlacht am Kremmer Damm
1417	Belehnung der Herzöge von Pommern durch Kaiser Sigismund unter Vorbehalt der brandenburgischen Ansprüche
1420	Frieden von Perleberg, Verlust der Uckermark an Brandenburg
1421	Einrichtung der Quatembergerichte in Pommern-Wolgast durch Wartislaw IX. zur Wahrung des Landfriedens
1425	Teilung von Pommern-Wolgast, Teilherrschaft Barth 1435 erneut geteilt
1427	Frieden von Eberswalde zwischen Pommern-Stettin und Brandenburg
1451	Wiedervereinigung von Pommern-Wolgast und Pommern-Barth unter Wartislaw IX.
1452	Goldenes Privileg Wartislaw IX. für die vier Städte Stralsund, Greifswald, Anklam und Demmin
1456	Gründung der Universität Greifswald
1464	Tod Herzog Otto III., Aussterben der Stettiner Linie des pommerschen Herzogshauses

1464–1472	Stettiner Erbfolgekrieg zwischen Pommern-Wolgast und Brandenburg
1472	Frieden von Prenzlau, Pommern-Stettin an Pommern-Wolgast unter Anerkennung der brandenburgischen Lehnshoheit, 1479 erneuert
1474	Regierungsantritt Bogislaw X.
1493	Vertrag von Pyritz, Aufhebung der brandenburgischen Lehnshoheit unter Anerkennung der brandenburgischen Erbfolge in ganz Pommern
1496–1498	Pilgerfahrt Bogislaw X. nach Jerusalem mit Empfängen bei König Maximilian I. und Papst Alexander VI.
1512	Zuordnung Pommerns zum Obersächsischen Reichskreis im Zuge der Reichsreform
1521	Kaiserlicher Lehnbrief für Bogislaw X., Ausbruch neuer Streitigkeiten mit Brandenburg
1521	Beginn reformatorischer Unruhen in Pommern durch das Auftreten von Wanderpredigern
1524	Bündnis Pommerns mit Polen gegen Heiden und Ketzer, 1525 unter Einbeziehung Mecklenburgs erneuert
1525	Durchsetzung der Reformation in Stralsund
1529	Vertrag von Grimnitz, Anerkennung der Reichsstandschaft Pommerns durch Brandenburg, aber auch Anerkennung der brandenburgischen Erbfolge
1530	Belehnung Georg I. und Barnim IX. durch den Kaiser auf dem Reichstag zu Augsburg
1532	vorläufige Teilung Pommerns für acht Jahre
1534	Einführung der Reformation in Pommern auf dem Landtag zu Treptow/Rega
1541	Endgültige Teilung Pommerns in Pommern-Wolgast (westlich der Oder mit Ausnahme von Stettin und Umland) und Pommern-Stettin (östlich der Oder)
1545	Bartholomäus Suawe zum 1. evangelischen Bischof von Cammin
1548	Bestrafung der pommerschen Herzöge durch Karl V. nach der Niederlage des Schmalkaldischen Bundes

1556	Wahl Johann Friedrichs zum Bischof von Cammin, Stift ab da Sekundogenitur der Greifen
1563–1570	Siebenjähriger Nordischer Krieg zwischen Dänemark und Schweden
1569	Erneute Landesteilung, Einrichtung von Apanagen für die nichtregierenden Herzöge und Regelung der Erbfolge
1570	Frieden von Stettin, Ende des Siebenjährigen Nordischen Krieges durch Vermittlung Johann Friedrichs als kaiserlicher Kommissar
1572	Bankrott des Stettiner Handelshauses der Loitz, Finanzkrise in Pommern-Stettin
1587	Gründung der Stadt Franzburg an der Stelle des Klosters Neuenkamp durch Bogislaw XIII.
1591	Grenzrezess zwischen Pommern und Mecklenburg
1605	Apanage Bogislaw XIII. (Ämter Barth und Franzburg) an Pommern-Wolgast
1606	Erbeinigung in Pommern-Stettin unter den Söhnen Bogislaw XIII.
1616	Erlass einer neuen Bauernordnung in Pommern-Stettin, darin Festschreibung der Leibeigenschaft der Untertanen
1622	Vereinigung der Herrschaft über Pommern-Stettin und das Stift Cammin in der Hand von Bogislaw XIV.
1625	Vereinigung aller drei Landesteile in der Hand von Bogislaw XIV.
1627	direkte Einbeziehung Pommerns in den Dreißigjährigen Krieg durch Einquartierung kaiserlicher Kriegsvölker
1630	Landung schwedischer Truppen in Pommern, Allianzvertrag zwischen Pommern und Schweden
1637	Tod Bogislaw XIV., Ausbruch schwedisch-brandenburgischer Feindseligkeiten um das Erbe
1654	feierliche Beisetzung von Bogislaw XIV. in der Stettiner Schlosskirche durch Vertreter Brandenburgs und Schwedens
1660	Tod Annas von Croy als letztem Kind eines Greifen

PERSONENREGISTER

Adelheid von Braunschweig-Grubenhagen 51
Adolf II. (Graf von Schauenburg und Holstein) 37
Agnes von Sachsen-Lauenburg 59
Agnes von Brandenburg 94
Agnes von Braunschweig 51
Agnes von Braunschweig-Grubenhagen 48
Albrecht (Sohn Swantibor I.) 53
Albrecht Achilles (Kurfürst von Brandenburg) 66
Albrecht der Bär (Markgraf von Brandenburg) 35, 36
Albrecht III. (Herzog von Mecklenburg) 56
Albrecht (Burggraf von Nürnberg) 53
Alexander VI. (Papst) 68
Alexandra 59
Amalia von der Pfalz 69, 74
Anastasia (Tochter Barnim I.) 42
Anastasia (Tochter Miezkos) 37
Anna (Tochter Barnim IX.) 74
Anna (Tochter Bogislaw XIII.) 99
Anna von Braunschweig-Lüneburg 74
Anna von Hohenzollern 52, 53
Anna von Polen 68, 69
Anna von Schleswig-Holstein 80, 96, 97
Anna Maria von Brandenburg 85, 86, 94
Balthasar (Herzog von Mecklenburg) 66
Barnekow, Raven 61
Barnim I. 9, 15, 26, 39, 40, 41, 42, 43, 45
Barnim II. 42, 43
Barnim III. 17, 26, 45, 46, 47, 48, 49, 51
Barnim IV. 47, 49, 53
Barnim V. 51, 55
Barnim VI. 53, 54, 55, 59, 88
Barnim VII. 55, 59, 60
Barnim VIII. 60
Barnim IX. 70, 71, 72, 73, 74, 75, 78, 82

Barnim X. 81, 82, 84, 85, 86, 87, 88, 94
Beatrix (Tochter Barnim I.) 42
Behr, Henneke 59
Bogislaw (Sohn Georg I.) 70
Bogislaw I. 36, 37, 38, 39, 51
Bogislaw II. 28, 30, 38, 40
Bogislaw IV. 42, 43, 44, 45
Bogislaw V. 47, 49, 50
Bogislaw VII. 48
Bogislaw VIII. 51, 53, 57
Bogislaw IX. 18, 57, 58, 59, 64
Bogislaw X. 9, 10, 18, 19, 23, 24, 26, 30, 46, 65, 66, 67, 68, 69, 70, 72, 74
Bogislaw XII. 74
Bogislaw XIII. 21, 77, 78, 80, 81, 82, 84, 85, 88, 90, 92, 95, 97
Bogislaw XIV. 19, 82, 94, 95, 96, 97, 98, 99, 100
Boleslaw III. Schiefmund (Herzog von Polen) 12, 13, 35, 37
Bonow, Kurt 59
Borcke, Sidonia von 92
Buggenhagen, Degener 59
Christian III. (König von Dänemark) 75
Christoph (König von Dänemark) 45
Christoph (Sohn von Wartislaw IX.)
Clara von Braunschweig-Lüneburg 80, 88, 90, 95, 97
Croy, Herzog Ernst Bogislaw von 71, 99

Długosz, Johannes 66
Dorothea (Tochter Barnim IX.) 74
Eickstedt, von 63
Eickstedt, Valentin von 84
Eickstedt, Vivigentz von 70
Elisabeth (Tochter Bogislaw V.) 17, 50
Elisabeth (Tochter Erich II.) 65
Elisabeth (Tochter Wartislaw IX.) 61
Elisabeth Magdalena (Tochter Ernst Ludwigs) 84
Elisabeth von Hohenzollern 62, 64
Elisabeth von Schlesien 46
Elisabeth von Schleswig-Holstein 100
Engelbrecht Engelbrechtson 57
Erdmut (Tochter Bogislaw XIII.) 80
Erdmuthe von Brandenburg 79, 85, 90, 94
Erich (Sohn Philipp I.) 77
Erich I. 9, 17, 55, 56, 57, 58, 59, 64, 85
Erich II. 57, 61, 64, 65, 66
Erich VI. Menved (König von Dänemark) 45
Ernst Ludwig 77, 79, 80, 82, 83, 84, 86, 92
Ertmar 62
Franz 86, 89, 90, 91, 96, 97
Franz Karl (Herzog von Sachsen-Lauenburg) 94

Franz (Herzog von
 Braunschweig-Lüneburg) 80
Friedrich I.
 (König von Dänemark) 75
Friedrich I. Barbarossa
 (Kaiser) 37
Friedrich II. (Kurfürst von
 Brandenburg) 65, 67
Friedrich Ulrich (Herzog von
 Braunschweig-Lüneburg) 95
Friedrich VI. / I. (Burggraf
 von Nürnberg / Kurfürst von
 Brandenburg) 52, 53,
 55, 62
Georg (Sohn Philipp I.) 77
Georg der Bärtige
 (Herzog von Sachsen) 69
Georg I. 69, 70, 71, 72, 74
Georg II. 95, 96, 97
Georgia (Tochter Georg I.) 72
Glinden, Albrecht 63
Gustav II. Adolf
 (König von Schweden) 98
Hans Lange 66
Hedwig Maria
 (Tochter Ernst Ludwigs) 84
Hedwig von Braunschweig-
 Lüneburg 96, 97
Heila (Helena,
 Gemahlin Wartislaw I.) 35
Hainhofer, Philipp 89
Heinrich der Löwe (Herzog
 von Sachsen und Bayern) 37
Heinrich I. (Herzog von
 Braunschweig-Lüneburg) 66
Heinrich I. (Herzog von
 Mecklenburg) 42

Hermann (Bischof von
 Cammin) 40
Ida von Dänemark 35
Ingardis von Dänemark 38
Ingeborg von Dänemark 55
Jaromar (Fürst von Rügen) 45
Joachim der Jüngere 62
Joachim I. (Kurfürst von
 Brandenburg) 71
Jobst (Graf von Barby) 74
Jobst (Markgraf von
 Mähren) 51
Johann (Markgraf von
 Brandenburg) 62
Johann der Beständige
 (Kurfürst von Sachsen) 75
Johann Ernst
 (Sohn Bogislaw XIII.) 80
Johann Friedrich 26, 77, 78,
 79, 80, 81, 82,
 84, 85, 86, 90, 94
Johannes XXII. (Papst) 47
Johann I. (Graf von
 Mansfeld-Hinterort) 74
Julius (Herzog von
 Braunschweig-Lüneburg) 82
Kantzow, Thomas 68
Karl IV. (Kaiser) 17, 47, 49,
 50, 51, 62
Karl V. (Kaiser) 76, 77
Kasimir I. 36, 37, 38
Kasimir II. 28, 38
Kasimir III. 48, 51
Kasimir IV.
 (König von Polen) 66
Kasimir IV. 50
Kasimir V. 52, 53

Kasimir VI. 81, 85, 86, 87, 90, 95
Katharina (Tochter Bogislaw XIII.) 80
Katharina (Tochter Erich II.) 66
Lothar III. von Süpplingenburg (Kaiser) 12, 35
Ludwig IV. der Bayer (Kaiser) 47
Luther, Martin 70, 72, 76
Magirius, Andreas 77
Magnus II. (Herzog von Mecklenburg) 66, 69
Margarete (Königin von Dänemark) 55, 56
Margarete von Brandenburg 71, 72
Margarete von Brauschweig-Lüneburg 42
Margarete von Rügen 43, 45
Margaretha (Tochter Erich II.) 65
Margaretha (Tochter Georg I.) 70
Margaretha (Tochter Swantibor I.) 53
Margarethe von Brandenburg 67, 68
Maria (Tochter Barnim IX.) 74
Maria (Tochter Erich II.) 65
Maria von Masowien 58, 59
Maria von Mecklenburg 55
Maria von Sachsen 75, 76, 77, 82, 84, 86
Marianne von Dänemark 42
Matthias (Kaiser) 90
Maximilian I. (Kaiser) 68
Mechthild von Brandenburg 42, 43
Miezko III. (Herzog von Polen) 37
Miroslawa (Tochter Barnim I.) 42
Miroslawa von Pomerellen 40
Normann, Melchior 84
Olav (norwegischer Thronfolger) 55
Otto I. 42, 43, 44, 45, 46
Otto II. 52, 53
Otto III. 61, 62, 63, 64, 65
Otto IV. von Holstein-Schaumburg 74
Otto von Bamberg 13, 35, 48
Philipp (Sohn Georg I.) 70
Philipp der Aufrichtige (Kurfürst von der Pfalz) 69, 74
Philipp I. 26, 52, 56, 58, 63, 72, 73, 74, 75, 76, 77, 78, 80, 82, 84, 86
Philipp II. 54, 73, 88, 89, 90, 91, 95
Philipp Julius 81, 84, 92, 93, 94, 95, 97
Philippa von England 56
Pribislaw 37
Putbus, Volkmar Wolff von 94
Ratibor I. 10, 13, 36, 37
Rhaw, Balthasar 80
Rubenow, Heinrich 60
Rudolf II. (Kaiser) 92
Runge, Jacob 80

Schwerin, Ulrich von 78, 84
Sigismund (Kaiser) 51, 52, 56
Sophia (Tochter Erich II.) 65
Sophia
 (Tochter Bogislaw IX.) 59
Sophia Hedwig (Tochter
 Bogislaw XIII.) 79, 80
Sophia Hedwig von
 Braunschweig-Lüneburg
 (Wolfenbüttel) 82, 84, 92
Sophia von Pommern-Stolp
 61, 64, 65, 66
Sophia von Sachsen
 (Mutter) 90, 92
Sophia von Sachsen
 (Tochter) 90
Sophia von Sachsen-
 Lauenburg 61
Sophia von Schleswig-
 Holstein-Sonderburg 90
Svantopolk 35
Swantibor
 (Halbbruder Otto III.) 62
Swantibor I. 48, 51, 52, 53
Swantibor II. 60
Ulrich 91, 95, 96, 97
Veronika 55
Voge, Otto 61
Waldemar (Markgraf von
 Brandenburg) 45
Waldemar I. 37
Waldemar II. (König von
 Dänemark) 14, 39
Waldemar III. (König von
 Dänemark) 45
Waldemar IV. Atterdag
 (König von Dänemark) 55
Wallenstein, eigentlich
 Albrecht Wenzel Eusebius
 von Waldstein 98
Walpurgis (Gemahlin
 Bogislaw I.) 37
Wartislaw I. 10, 12, 13,
 14, 21, 35
Wartislaw III. 14, 38, 39,
 40, 41, 43
Wartislaw IV. 14, 43, 45, 46, 49
Wartislaw V. 46, 47, 49
Wartislaw VI. 53
Wartislaw VII. 52, 55
Wartislaw VIII. 53, 54, 59, 60
Wartislaw IX. 53, 55, 59,
 60, 61, 64
Wartislaw X. 61, 62, 64,
 65, 67
Wartislaw Swantiboriz 51
Wedel, Joachim von 86
Wehrmann, Martin 11
Weiher, Mathias von 77, 78
Wenzel
 (Sohn Kaiser Karl IV.) 51
Wizlaw II.
 (Fürst von Rügen) 43
Wizlaw III.
 (Fürst von Rügen) 45
Zemusil 12

Karte des Herzogtums Pommern, Kupferstich aus der Mitte des 17. Jahrhunderts

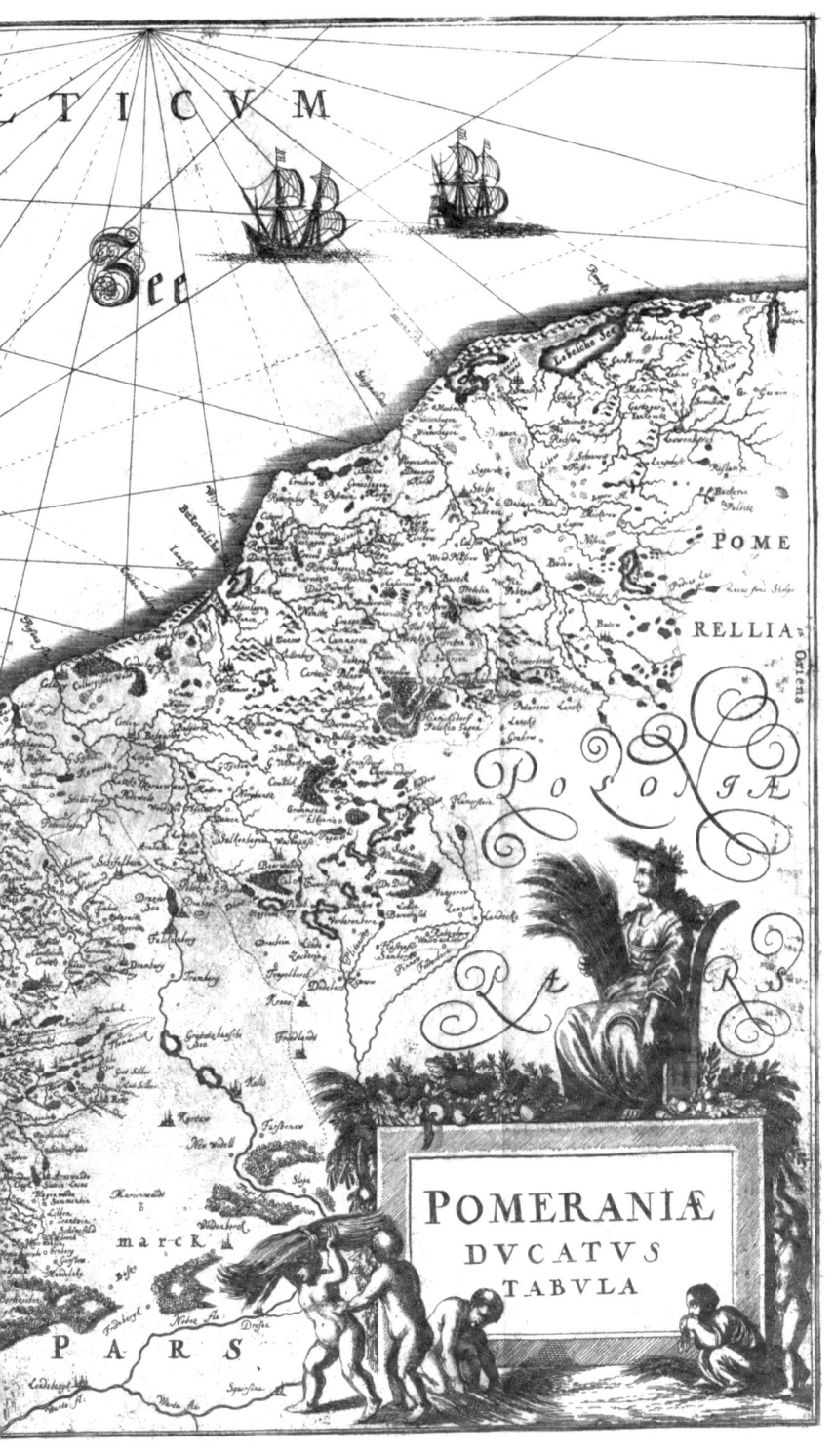

Bildnachweis

Umschlag: Drei Generationen des pommerschen Herzogshauses auf einer der bedeutendsten Hinterlassenschaften aus dem Kunstbesitz der Greifen, dem sogenannten Croyteppich von 1554, der heute im Pommerschen Landesmuseum in Greifswald zu bewundern ist. In der oberen Reihe Georg I., sein jüngerer Bruder Barnim IX. und sein Sohn Philipp I. (von links). In der unteren Reihe drei von Philipps Söhnen als Kinder, Johann Friedrich, Bogislaw XIII. und Ernst Ludwig (von links)

S. 10, 29, 42, 44 (2), 46, 48, 50: Theodor Pyl, Die Entwicklung des pommerschen Wappens im Zusammenhang mit den pommerschen Landestheilungen (= Pommersche Geschichtsdenkmäler 7), Greifswald 1894

S. 14, 17, 19, 20: Dirk Schleinert

S. 22, 23, 126 / 127: Matthaeus Merian d. Ä., Topographia Electorat[us] Brandenburgici et Ducatus Pomeraniae, Frankfurt a. M. 1652

S. 25, 26, 94, 96 (2): Die Große Lubinsche Karte von 1618, ND Berlin 1926

S. 27, 54, 73, 76, 79, 99: Hellmuth Bethe, Die Kunst am Hofe der pommerschen Herzöge, Berlin 1937

S. 30, 38, 39: Codex Pomeraniae diplomaticus, hrsg. v. Carl Friedrich Wilhelm Hasselbach und Johann Gottfried Ludwig Kosegarten, Greifswald 1862

S. 31: Ernst v. Zitzewitz, Fünfzig Jahre Provinzialverband von Pommern, Stettin 1926

S. 32: Johann Gottfried Kosegarten, Pommersche und rügensche Geschichtsdenkmäler oder alte historische Berichte und Urkunden welche die Geschichte Pommerns und Rügens betreffen, Greifswald 1834

S. 36 (2): Michael Hammermeister

S. 52, 56, 58, 63: Herzog-August-Bibliothek Wolfenbüttel

S. 60, 71, 83, Titel: Ernst-Moritz-Arndt-Universität Greifswald

S. 67: Berliner Kalender auf das Gemein-Jahr 1837

S. 65, 81, 85, 87, 91: Pommersches Landesmuseum Greifswald (Leihgabe der Familie von Bismarck-Osten)

S. 89: Kupferstichkabinett der Staatlichen Museen zu Berlin